한반도 평화론

문병철 지음

새로운 세상의 숲
신세림출판사

한반도 평화론

문병철

문병철 지음

| 차 | 례 |

문병철 지음

머리말

꿈에도 소원은 통일

한반도 평화경제, 한반도 평화체제, 한반도의 완전한 평화통일

제 1 장

머리말

꿈에도 소원은 통일

～◯ '한반도정세가 엄중하다.' 뉴스 미디어를 통해 자주 듣는 말이다. 단언컨대, 한반도정세가 엄중하지 않았던 시기는 한순간도 없었다. 한국전쟁을 치르고 1953년 휴전협정을 맺으면서 비무장지대(Korean DMZ)가 남북한을 선명하게 갈라놓은 지도 벌써 70년이 다 되어 간다. 미국·중국·일본·러시아 등 주변 강대국의 세력권에 갇힌 데다가 남북으로

나뉘어 서로 총부리를 겨눈 채 스스로 살길을 모색해야 하는 우리의 처지는 그야말로 엎친 데 덮친 격이라는 속담이 딱 들어맞는 형국이다.

1945년 8월 15일, 일본 제국주의로부터의 해방은 동시에 북위 38도선이 남북한을 갈라놓는 분단의 출발점이었다. 이때부터 통일은 한민족의 염원으로 자리 잡았다. '우리의 소원은 통일, 꿈에도 소원은 통일'. 대한민국 국민이라면 누구나 어릴 때부터 입에 달고 사는 노래다. 오죽하면 꿈속에서조차 남북통일을 소원으로 빌어야 할까? 한반도에 뿌리내린 5천 년 단일민족의 신화가 분단과 이산을 거부하는 DNA로 내재해 있는 탓이리라.

한반도가 분단된 후 통일에 가장 가까이 다가갔던 시기는 유감스럽게도 1950년 6·25 전쟁 시기였다. 북한군이 기습남침으로 낙동강 전선까지 밀고 내려왔을 때는 적화통일이 목전에 다다른 것처럼 보였고, 반격에 나선 국군과 유엔연합군이 압록강물을 수통에 떠담았을 때는 자유민주통일이 손에 잡히는 듯 여겨졌다. 하지만 이때 한반도를 휩쓸고 간 것은 축제와 같은 평화통일의 기운이 아니라 전쟁을 수반하는 무력통일의 기운이었다. 그 결과는 38도선과 별로 다르지 않은 휴전선으로 나누어진 남북한이었고, 서로에게 남겨진 것은 전쟁의 상처가 깊이 팬 상호불신과 적대감이었다.

전쟁의 상흔에도 불구하고 우리는 여전히 남북한이 함께 평화를 누릴 방안을 찾고자 어두운 밤길을 헤매듯 두리번거리고 있다. 무력을 앞세운 통일이 길이 아니라는 것을 확인한 이상 우리에게 남은 선택은 평화통일뿐이다. 그런데 평화통일은 남과 북이 화해하는 마음으로 손을 맞잡을 때만 가능하다. 그리고 남북한이 서로의 손을 잡아주려면 당장은 각자의 생존이 안전하게 보장되어야 하고, 여기에 더해 가까운 미래에는 번영의 과실을 함께 나눌 수 있다는 비전이 공유되어야 한다. 남북한이 평화공존과 평화번영의 길을 동시에 모색해야 하는 이유가 여기에 있다. 한반도의 평화통일이라는 목표지점에 무사히 도달하려면 남북한이 발걸음을 함께하는 2인3각의 평화 레이스를 펼쳐야 하기 때문이다.

한반도 평화경제, 한반도 평화체제, 한반도의 완전한 평화통일

～～～ 우리가 당면하고 있는 현실은 '세계의 화약고'라는 오명이다. 한반도의 비무장지대는 세계의 화약고라는 오명을 얻은 지 이미 오래고, 만약 한반도에서 다시 전쟁이 일어난다면 세계대전으로 비화할 것이라는 게 불문가지의 상식처럼 굳어졌다. 한반도에서 평화를 실현하는 것이 곧 세계평화를 위한 지름길이라는 인식은 이 같은 맥락에서 도출된 결론이다. 그렇다면 세계평화의 기초가 되는 한반도 평화를 구

현하기 위해서는 어떤 조건이 갖추어져야 할까? 한반도 평화경제, 한반도 평화체제 그리고 한반도의 완전한 평화통일에서 그 해답을 찾을 수 있다.

첫째, 한반도 평화경제는 남북한 사이의 경제적 격차를 해소하고 남북한 공동 번영의 기초를 다지기 위함이다. 통계청이 발표한 '2020 북한의 통계지표'에 따르면, 2019년 기준 북한의 국민총생산(GDP)은 35조3000억원으로 남한의 국민총생산 1919조원의 1.8퍼센트 수준에 머무르는데, 이를 북한 주민 1인당 총소득(GNI)으로 환산하면 남한 주민 1인당 총소득의 27분의 1에 불과하다. 남과 북의 경제적 격차가 커질수록 통일 비용에 대한 부담이 커지고 통일 후 사회적 격차를 줄이는 데도 더 큰 비용이 소요된다는 점을 고려할 때 상향 평준화의 방향으로 남북한의 경제적 차이를 완화하는 노력이 반드시 필요하다. 한반도 평화경제는 남북한 주민이 더불어 잘 사는 한반도의 기틀을 갖추는 데 토대가 될 것이다.

둘째, 한반도 평화체제는 남북한 군비경쟁으로 인한 무력충돌의 위험을 해소하고 남북한이 평화롭게 공존하는 길을 도모하기 위함이다. 자유주의 시장경제와 사회주의 계획경제는 서로 다른 정치체제를 통해 운영되는데 대의제 민주주의와 공산당 일당독재가 그것이다. 남한은 자유주의 시장경제와 대의제 민주주의제도를 채택하고 북한은 사회주의 계획경제와 노동당 일당독재체제를 유지하는 상황에서 남북한은 끊임없는 체제경쟁과 군사적 대치로 인해 오랜 세월 동안 사회적 자원을 허비해왔다. 한반도 평화체제는 남과 북의 정치적·이데올로기적 대립을 종식시키고 통일로 가는 길에 평화의 징검다리가 될 것이다.

셋째, 한반도의 완전한 평화통일은 남북한이 함께

추구하는 공동의 비전 가운데 최고의 가치다. 분단은 태생적으로 통일이라는 과제를 남겼다. 하지만 6·25 전쟁과 전쟁 후의 대결·대립은 한반도에서 평화를 앗아가 버렸고, 평화를 복구하는 일은 통일보다 시급한 일이 되었다. 통일로 향하는 길목에서 한반도 평화경제로 토대를 닦고 한반도 평화체제로 징검다리를 놓아야 하는 이유다. 그러나 궁극의 목표는 완전하게 통일된 한반도로 복귀하는 것이다. 이것이 한반도에 평화경제와 평화체제를 넘어서 법적·제도적으로 지속가능한 선진문명국가를 건설하는 유일한 방안이다. 한반도의 완전한 평화통일은 평화의 가치를 역사적으로 복원함으로써 동북아평화와 세계평화의 실현이라는 미래지향적 가치에 헌신하는 공공재와 다름없다.

남북한이 함께 잘 사는 공생(共生)의 길, 한반도 평화경제

제 2 장

남북한이 함께 잘 사는
공생(共生)의 길, 한반도 평화경제

열려라, 38선!

'열려라, 38선!' 세계적인 투자자로 잘 알려진 짐 로저스 회장이 기회 있을 때마다 마치 주문처럼 외치는 말이다. 북위 38도선이 한반도 분단의 시초였음을 잘 아는 투자의 거인은 남북한의 자유로운 경제교류가 가져다줄 폭발적인 기회를 이 한마디에 함축했다. 서로 적대적인 관계에 있지만, 공동의 경제적 번영을 추구하는 새로운 관계 정립을 통해 평화와 경제성장의 선순환을 도모하는 것이 '평화경제'다. 독일통일 전 동서독 경제교류와 유럽연합(EU)의 출발점이 되었던 유럽석탄철강공동체(ECSC)의 탄생은 평화경제를 실현한 역사적 사례로 꼽을 수 있다.

한반도 평화경제는 한반도의 평화와 더불어 남북한이 함께 잘 살기를 희구하는 우리 민족의 염원이 담긴, 통일 한국의 길로 나아가기 위한 경제적 비전이다. 남북한이 서로 군사적으로 대치하고 있는 상태에서 벗어나 한반도를 젖과 꿀이 흐르는 기회의 땅으로 가꾸기 위해서는 무엇보다 남북한이 경제적 이해관계를 확실하게 공유해야 한다. 그렇게 함으로써 무력 충돌의 유혹을 멀리하고 함께 번영하려는 동기가 분명해지기 때문이다. 한반도 평화경제는 38선을 열기 위한 도전임과 동시에 38선이 열릴 때 비로소 완성할 수 있는 남북한이 함께 가꾸어야 할 공동 번영의 길이다.

작은 발걸음 정책과 동서독 경제교류

〜〜 1989년 11월 9일, 독일 분단의 상징이던 베를린 장벽이 무너졌다. 제2차 세계대전이 끝난 후 한반도가 남북으로 나뉘었던 것처럼 유럽에서는 독일이 동서로 분단되었다. 독일의 수도였던 베를린 역시 동서로 나뉘었고, 마침내 1961년에는 베를린을 가로지르는 콘크리트 장벽이 설치되었다. 독일 분단을 상징하던 콘크리트 덩어리를 30년 만에 허물어뜨린 것은 '우리는 하나의 민족이다!(Wir Sind Ein Volk!)'를 부르짖은 동서독 시민들의 힘이었다. 통일 독일의 탄생을 알린 역사적 순간이었다.

베를린 장벽의 붕괴는 어느 날 저녁 갑자기 벌어진 일이었지만, 동서독통일이 순식간에 이루어진 것은 아니었다. 그 배경에는 동서독 교류를 위해 '작은 발걸음(Kleine Schritte)'부터 시작해야 한다는 빌리 브란트 전(前) 서독 수상의 철학과 정책이 있었다. 빌리 브란트는 서베를린 시장으로 재직하던 1963년부터, 통일을 정치적 구호처럼 외치기보다는 현재 가능한 것부터 단계적으로 실천해 간다는 원칙에 따라 작은 발걸음부터 내딛자는 정책을 내세워서 시행했다. 빌리 브란트의 '작은 발걸음 정책'은 그가 서독 총리로 취임한 1969년부터 서독 정부 차원의 '신동방정책'으로 계승되어 1972년에는 평화 유지에 대한 상호책임을 명시한 동서독 기본조약이 체결되었고, 1973년에는 동서독이 동시에 유엔회원국으로 가입했다. 동서독 간의 관계는 '좋은 이웃관계'로 설정되었다.

동서독 간 관계 개선과 함께 경제교류도 본격적으로 이루어졌다. 빌리 브란트의 신동방정책에 따른 평화공존에 기초한 교류협력의 결과, 1950년에는 7억 4천만 독일마르크에 불과했던 동서독 교역의 규모가 독일통일이 이루어지던 1989년에는 153억 독일마르크에 이를 정도로 증가하여 약 20배 가까운 동서독 교역의 성장을 보여주었다. 당시 동독의 경제구조가 대외교역보다는 자급자족을 지향하고 있었기 때문에 동독 GDP에서 동서독 교역이 차지하는 비율은 3퍼센트에 지나지 않았지만 동독에게 서독은 소련 다음으로 비중이 큰 교역 상대로서 전체 교역량의 20퍼센트 내외를 차지할 정도였다.

　당시 동서독 간 경제력의 격차로 인해 동서독 경제교류는 서독 기업이 주도하는 투자와 생산협력 그리고 서독 정부의 재정을 기반으로 하는 이전지출이라는 경로를 통해 이루어졌다. 민간 기업의 대동독 투자와 정부의 대동독 재정 지원이 동서독 간 경제교류가 지속하도록 만들었고 궁극적으로 통일의 물꼬를 터는 데 실마리를 제공했다는 사실은 남북한 교류협력 역시 정부 차원과 민간 차원 모두에서 지속적으로 이루어져야 한다는 점을 시사한다.

유럽 평화경제의 출발, 유럽석탄철강공동체

〜 유럽연합의 탄생은 경제와 평화가 선순환하는 매커니즘을 역사적으로 실증한 사례다. 두 번의 세계대전을 겪은 유럽국가들은 제2차 세계대전이 끝난 후 유럽의 평화를 재건해야 할 책무에 직면했고, 영국 수상 윈스턴 처칠은 '유럽 합중국(United States of Europe)'의 건설을 유럽의 새로운 비전으로 제시했다. 유럽석탄철강공동체는 유럽 합중국으로 나아가기 위한 첫걸음이었다.

1950년 5월 9일, 프랑스 외무장관 로베르 슈망 (Robert Schuman)은 프랑스와 독일의 석탄과 철강산업을 통합한다고 선언했다. 당시의 기자회견에서 슈망은 "석탄과 철강산업의 통합은 오랫동안 전쟁물자 생산에 사용되었던 이 지역들의 운명을 바꿀 것이다. 이제 탄생할 생산의 연대는 프랑스와 독일의 장차 모든 전쟁을 생각할 수 없게 만들 뿐만 아니라 물리적으로도 불가능하게 만들 것"이라고 주장했다. 그는 "그와 같은 계획의 채택이 유럽 연방(European Federation)을 향한 첫걸음이 될 것이며, 오랫동안 전쟁물자의 생산에 맡겨져 왔던 지역들의 운명을 변경시키게 될 것"이라고 덧붙였다.

슈망 플랜(Schuman Plan)은 군수물자를 통제함으로써 전쟁의 근원을 제거하려는 시도였다. 두 번의 세계대전을 거치면서 독일을 평화국가로 전환시켜야 할 과제를 안은 유럽국가들의 고민이 군수물자에 해당하는 석탄과 철강의 생산 및 유통을 국제적으로 공동 관리함으로써 독일의 새로운 전쟁 준비를 사전에 방지하자는 구상으로 발전했던 것이다. 독일 입장에서는 유럽국가들과의 경제 협력을 통해 전범국가가 아니라 경제적 파트너로서 새로운 위상을 확보할 수 있는 기회이기도 했다. 1951년 4월 18일, 프랑스, 독일, 이탈리아와 함께 벨기에, 네덜란드, 룩셈부르크가 조약에 서명하면서 유럽석탄철강공동체가 출범하게 되었다.

유럽석탄철강공동체는 유럽에서 평화경제가 첫 시동을 거는 계기가 되었다. 유럽석탄철강공동체는 뒤이어 만들어진 유럽원자력공동체(EURATOM, 1958년), 유럽경제공동체(EEC, 1958년)와 결합하여 유럽공동체(EC, 1967년)로 발전했고, 유럽공동체는 유럽연합(EU, 1993년)의 모태가 되었다. 오늘날 유럽연합은 거대한 정치·경제공동체로서 회원국들은 전쟁의 위협에서 벗어나 공동의 경제적 번영을 도모하고 있다. 동북아 역내국가들도 제2차 세계대전의 잔재와 냉전의 유산을 일소하고 동북아 평화번영공동체를 건설해야 할 책무가 있다. 한반도 평화경제는 그 첫 단추를 끼우는 역할을 하게 될 것이다.

햇볕정책, 평화번영정책,
한반도 신경제지도
그리고 문선명·김일성 회담

     ~ 햇볕정책(Sunshine Policy)은 대한민국 정부 차원에서 공식적으로 추진했던 한반도 평화경제의 상징이다. 1998년에 출범한 김대중 정부는 한반도 통일을 위한 프로세스로 '선평화 후통일'이라는 기조를 채택하고 남북한 교류를 기반으로 하는 대북포용정책을 펼쳤다. 햇볕정책이라는 용어는 김대중 전 대통령이 1998년 4월 영국 런던대학교에서 행한 연설에서 처음 등장했는데, 군사적 대치상태에서 남북한 체제경쟁에 몰두했던 과거 정부와 달리 화해와 협력을 통해 북한의 개방을 유도한다는 접근방식을 나그네의 두꺼운 외투를 벗기는 데는 칼바람보다 햇볕이 효과적이라는 이솝우화에 빗대어 붙여진 이름이다.

'북측의 무력 도발을 허용하지 않는다.' '남측은 흡수 통일을 시도하지 않는다.' '남측은 화해와 협력을 추진한다.'라는 세 가지 원칙에 따라 시작된 햇볕정책은 정치와 경제를 분리한다는 원칙을 가지고 경제 교류의 활성화·인도적 차원의 대북 식량 지원·이산가족 문제 해결에 주력했다. 금강산 관광사업과 개성공단의 조성 등은 햇볕정책이 이루어낸 중요한 성과였다. 1998년 11월 18일 '금강호'가 처음 출항하면서 금강산 관광사업이 시작되었고, 김대중 전 대통령과 김정일 전 국방위원장이 합의한 개성공단 조성사업은 노무현 정부 출범 직후인 2003년 6월에 이르러 착공식을 가졌다.

 김대중 정부의 햇볕정책으로 시작한 대북포용정책은 노무현 정부의 평화번영정책으로 이어졌으나 금강산 관광사업과 개성공단 사업의 앞길은 순탄치 않았다. 10년 동안 누적 관광객 2백만명에 달하던 금강산 관광사업은 2008년 7월 북한군 초병의 사격으로 남한 관광객이 사망한 사건을 계기로 이명박 정부가 중단시킨 후 현재까지 재개되지 못하고 있다. 남한의 자본과 기술, 북한의 토지와 인력이 결합하는 방식으로 이루어진 개성공단은 한때 북한 근로자 5만명을 고용할 정도로 규모가 커졌으나, 2016년 2월 북한의 핵실험과 장거리 미사일 발사에 항의하는 뜻으로 박근혜 정부에 의해 폐쇄되었다. 금강산 관광사업이 중단되고 개성공단이 문을 닫으면서 한반도 평화경제를 지향하는 남북한 경제교류협력은 모두 원점으로 되돌아가고 말았다.

문재인 정부의 한반도 신경제지도는 한반도 평화경제를 되살리려는 시도였다. 남북한 경제협력을 재개해서 경제통일의 기반을 구축하고 궁극적으로 남북한 평화공동체를 구현한다는 목표를 가지고 기획된 한반도 신경제구상은 환동해 에너지·자원벨트, 환서해 산업·물류·교통벨트, 접경지역 환경·관광벨트 등 3대 경제벨트를 핵심축으로 설정하는 청사진이었다. 그러나 남북한이 시장경제의 원리를 존중하는 방식으로 경제협력을 도모함으로써 한반도의 새로운 성장동력을 확보하고 여건이 성숙하면 남북한 경제·생활공동체를 형성한다는 한반도 신경제지도의 비전은 전혀 실현되지 못했다. 북한과 미국 사이에 진행되던 비핵화 협상이 결렬되면서 남북한 경제교류의 동력도 완전히 상실되었기 때문이다.

그런데 따지고 보면 김대중 정부의 햇볕정책보다 앞서서 한반도 평화경제의 첫 신호탄을 쏘아 올린 사건은 1991년 12월 6일에 이루어진 문선명·김일성 회담이었다. 이 회담에서 남북통일을 위한 인도적 사업의 일환으로 이산가족 상봉을 추진하고, 핵에너지의 평화적 이용을 위해 북한이 국제 핵사찰을 수용하며, 북한의 평화적 경제사업에 통일그룹이 투자·지원한다는 것과 남북정상회담의 추진 등에 대한 합의가 이루어졌기 때문이다.

한반도 평화경제를 위한 통일그룹의 대북투자는

평양의 보통강호텔을 인수해서 경영하고 남포에 평화자동차회사를 설립해서 지원하는 활동으로 이어졌다. 냉전의 종식이라는 국제정세의 변화를 읽고 김일성과의 회담을 통해 대북지원사업의 발판을 닦은 일은 그 후 정부 차원에서 전개된 햇볕정책의 모델을 앞서 만들고 앞서 실행한 것이었다.

한반도 평화경제의 비전, 물류허브 한반도

∾ 한반도 평화경제의 새로운 비전은 교착상태에 빠져 있는 남북경제교류를 단순히 복원하는 일에 그쳐서는 안 된다. 한반도 평화경제가 갖추어야 할 핵심조건은 두 가지다. 하나는 남과 북을 아우르면서 지속가능한 한반도 경제구조를 만들어내는 것이고, 다른 하나는 그것이 동북아 평화경제를 창출하는 기반으로 작동할 수 있어야 한다는 점이다. 따

라서 두 가지 조건을 모두 충족할 수 있는 한반도 평화경제의 미래 비전으로 한반도를 대륙과 해양을 연결하는 물류허브로 발전시키는 전략을 고려할 필요가 있다.

반도라는 지리적 특성으로 인해 한반도는 대륙세력과 해양세력이 물리적으로 부딪치는 지정학적 공간으로 인식되어왔다. 청·일 전쟁, 러·일 전쟁, 한국 전쟁(6·25 전쟁)은 모두 대륙세력과 해양세력이 한반도에서 군사적으로 충돌한 역사적 사례다. 그런데 반도라는 지리적 특성을 지리경제적인 맥락에서 이해하자면 대륙에서 해양으로 흘러나가는 물류와 해양에서 대륙으로 흘러들어오는 물류가 교차하는 길목으로 해석할 수 있다. 이는 한반도를 동북아 지역의 물류허브로 자리매김함으로써 남과 북을 아우르는 평화경제의 구조를 창출하고 동시에 동북아 평화번영의 기틀을 다질 수 있다는 뜻이다.

유럽의 물류허브, 로테르담

　≈〇　네덜란드의 로테르담은 유럽의 관문이라 불리는 물류항이다. 네덜란드는 좁은 국토, 높은 인구밀도, 부족한 자원, 강대국에 둘러싸인 지정학적 여건 등 불리한 조건을 극복하기 위해 각종 교통인프라를 기반으로 물류중심의 국가경영전략을 추진해왔다. 유럽의 중심에 위치하면서 세계를 향해 바다가 열려 있는 지리경제적 조건은 네덜란드가 해양과 대륙의 물류를 연계하는 해양교역국가로 성장하는 데 중요한 배경이 되었다.

　암스테르담의 스키폴 국제공항과 로테르담 항구를 필두로 해서 오늘날 유럽 최상의 물류 인프라를 보유하고 있는 네덜란드는 미국 및 아시아 기업의 약 60%가 유럽물류센터(EDC Europe Distribution Center)를 설치할 정도로 유럽 물류의 중심국가가 되었다. 특히 로테르담은 해양과 대륙을 연결하는 항구도시라는 지리적 이점을 십분 활용해서 유럽 국제무역의 중심지이자 세계 유망 산업의 주요 허브로 성장한 국제물류도시다.

로테르담이 성장한 배경에는 해운물류를 발전시키기에 유리한 지리경제적 조건이 자리잡고 있다. 라인강(Rhine)과 마스강(Maas)이 합쳐지는 하구에 위치한 로테르담은 1340년 지방자치권을 부여받은 이후 수 세기에 걸쳐 국제적인 교역, 교통, 산업, 물류의 중심지로 성장했으며, 이제는 유럽의 메인 포트(Main Port)라는 별칭을 얻고, 항만과 대륙을 연결하는 철도와 도로, 수로(운하)를 통해 유럽 대륙으로 오가는 수출입화물을 처리하고 있다.

오늘날 로테르담이 국제물류도시로 번성할 수 있는 또 다른 이유는 유럽 대륙의 관문이라는 지리적 이점에 더해 배후에 5억의 소비자를 가진 유럽연합(EU)을 단일시장으로 확보하고 있기 때문이다. 따라서 로테르담의 배후지로서 유럽 대륙은 생산지보다는 대규모 소비시장으로서 그 의미가 크다고 할 수 있다. 즉 물류허브로서의 로테르담은 고도로 개방된 소비시장에 해당하는 유럽연합의 물류 수요에 기반해서 성장한 것이다.

한반도를 동북아 지역의 물류허브로 자리매김하기 위해서는 무엇보다 물류산업을 독립적인 전략산업으로 발전시키려는 비전이 중요하다. 물류산업을 단순히 다른 분야의 산업활동을 지원하는 유통산업으로 인식하는 수준을 넘어서 물류 자체가 창출해내는 부가가치에 주목해야 한다는 뜻이다. 네덜란드가 일찍부터 물류산업의 중요성을 간파하고 물류허브를 구축하는 것을 국가경영전략으로 삼아서 수십 년간 유럽 물류의 핵심기지로 자리를 지켜온 것을 거울삼아 우리도 한반도가 가지고 있는 지리경제적 여건을 십분 활용해서 한반도를 동북아 지역의 물류허브로 성장시킬 비전과 전략을 마련해야 한다. 그리고 그것은 남북한 경제를 함께 아우르고 동북아 평화번영에 기여하는 방향으로 전개되어야 한다.

한반도종단철도, 물류허브 한반도의 대동맥

　∾〃　해양과 대륙을 매개하는 한반도의 지리경
제적 이점을 살리기 위해서는 무엇보다 한반도의 길
이 이어져야 한다. '성 쌓는 자 망하고 길 닦는 자 흥
한다.'고 설파했던 징기스칸은 아시아를 넘어 유럽에
까지 이르는 몽골제국을 세웠다. DMZ를 관통해서
남북한을 가로지르는 한반도종단철도(TKR)를 완성
한다면 위로는 아시아대륙과 유럽대륙을 향해서 아
래로는 태평양과 인도양을 향해서 뻗어 나가는 길이
열리게 될 것이다.
　한반도종단철도는 휴전선에서 끊겨 있는 철도를
연결해서 남북한 사이에 막혀 있는 혈로를 뚫는 일
이다. 이는 단지 남북한 사이의 경제교류를 활성화

하는 데 그치는 것이 아니라 DMZ와 삼면의 바다로 인해 섬처럼 고립되어있는 대한민국이 육로를 통해 대륙으로 진출할 수 있는 활로까지도 염두에 둔 다목적 구상이다.

철도를 통해 사람과 물자가 오고 간다면 남북한 사이에 공유할 수 있는 경제적 파이가 커질 것이고, 경제적 이익의 공유는 무력 충돌에 대한 유혹을 멀리하게 만드는 한편 공동 번영을 희구하는 동기를 더 강하게 만들 것이다. 남북한 경제의 공동 번영은 일시적인 평화를 지속가능한 평화로 천착시키는 데 토대를 제공함으로써 평화가 다시 경제적 번영을 구가하는 데 더 좋은 환경을 제공하는 한반도 평화경제의 선순환구조가 형성되는 것이다.

또한, 한반도종단철도는 중국횡단철도(TCR), 몽골횡단철도(TMGR), 시베리아횡단철도(TSR)와 연결되어 유럽 대륙까지 뻗어가는 것이 그 운명이고 책임이다. 한반도종단철도를 매개로 해서 한반도를 동북아 물류의 중심으로 자리매김하자는 주장이 나오는 이유다. 1945년 이후 지금까지 대한민국은 섬으로 살아왔다. 비행기나 배를 이용하지 않고서는 다른 육지에 다다를 수 없다면 그것이 섬이 아니고 무엇이겠는가? 한반도종단철도는 대한민국을 대륙으로 연결함으로써 한반도를 사통팔달하는 온전한 육지로 회복시키고 남북한 경제를 한반도 평화경제로 묶어내는 동아줄이자 대동맥이 될 것이며, 향후 한국·중국·일본·러시아·몽골이 참여하는 동북아철도공동체의 형성에도 크게 기여할 것으로 기대된다.

한일해저터널, 동북아 평화번영의 시험대

～ 한일해저터널 프로젝트는 부산이나 거제도를 일본 규슈 지역과 해저터널로 연결하자는 구상이다. 한반도와 일본을 해저터널로 연결하겠다는 발

상은 1930년대말 한반도를 거쳐 만주로 진출하려는 일본 제국주의의 정치·군사적 필요 때문에 처음 기획되었으나 일본의 패망으로 실현되지 못했다. 이후 한일해저터널이 구체적인 사업으로 다시 거론된 것은 1981년 서울에서 열린 국제과학통일회의(ICUS)에서 '국제하이웨이 건설 프로젝트'가 논의되었을 때다. 국경을 없애고 국가 간에 단절된 길을 연결해서 세계의 번영과 평화를 구현하자는 국제하이웨이 구상의 일환으로 한일 간의 단절을 극복하고 동아시아의 평화번영공동체를 앞당기려는 방안으로 한일해저터널 프로젝트가 제안된 것이다.

한일해저터널의 경제적 효과와 안보에 미치는 영향에 관해 우려하는 목소리가 있는 것도 사실이다. 해저터널을 건설하는 비용에 비해 경제적 파급효과가 적을 것이라는 비판과 한일관계가 불편한 상황에서 해저터널로 일본과 한반도를 연결하는 것은 안보상의 위협이 될 것이라는 걱정이 그것이다. 하지만 유럽의 사례를 살펴보면, 해저터널을 통해 얻는 지역 통합효과가 상당하다는 것을 확인할 수 있다.

영국과 프랑스를 연결하는 유로터널이 완성된 것은 1994년이다. '채널터널'(The Channel Tunnel)이라는 공식명칭을 가진 유로터널은 영국 포크스톤과 프랑스 칼레를 도버해협 지하로 잇는 세계에서 유일한 국제해저터널로 총길이는 53.45km에 달한다. 해저터널 구상에서 완공까지 100년 이상 걸린 유로터널을 통해 현재 런던-파리를 오가는 고속열차(유로스타)가 달리고 있는데, 이 철도망은 벨기에의 브뤼셀과 네덜란드의 암스테르담까지 연결되어 있다. 2019년 기준으로 약 1,800만명에 이르는 유로스타 승객수는 영국과 프랑스를 오가는 이동인구의 약 60퍼센트에 해당한다. 런던과 파리를 잇는 유로스타는 잦은 왕래를 통해 영국과 프랑스 사이의 해묵은 갈등을 완화하는 데 일조하고 있으며, 유로스타를 이용하는 다른 유럽인들의 왕래 역시 유럽지역통합에 크게 기여하는 것으로 평가받고 있다.

한편, 한일 간에 평화와 번영의 교두보를 건설하자는 한일해저터널 프로젝트의 취지에 대해서는 노태우, 김대중, 노무현 등 역대 대통령들과 일본의 모리 요시로 총리가 공감한 바 있다. 최근에는 박형준 부산시장이 '4·7 부산시장 보궐선거'에서 한일해저터널 건설을 공약으로 내걸기도 했다. 한일해저터널을 통해 한일 간의 인적·물적 교류가 더 잦아지고 더 많아진다면 과거사 때문에 감정의 골이 깊은 한일 양국의 관계를 개선하는 데 크게 도움이 될 전망이다. 특히 한일해저터널 프로젝트가 한반도종단철도와 연결될 때 가장 큰 시너지 효과를 낼 것으로 기대된다. 물류허브 한반도를 구축하고 그 파급효과가 한반도 평화경제를 넘어 동북아 평화번영공동체로 이어지기 위해서는 한일 간의 교류협력이 건설적인 방향으로 수렴되어야 한다. 한일해저터널 프로젝트는 그 시험대가 될 것이다.

미워도 다시 한번!

～ 금강산관광사업과 개성공단사업은 한때 한반도 평화경제를 지향하는 햇볕정책의 상징이었으나 지금은 빛바랜 사진처럼 퇴락하고 말았다. 오랫동안 적대적 경쟁체제를 지속해온 남북한은 정치와 경제를 분리해서 상호협력하자는 원칙에도 불구하고, 정치적·군사적 긴장이 고조되면 실낱처럼 이어오던 교류협력을 단절하는 방식으로 대응해왔기 때문이다. 금강산관광객 피살사건으로 인한 금강산관광중단, 북한의 핵실험 및 미사일시험발사를 규탄하면서 단행된 개성공단폐쇄가 남한 측의 강경대응이라면, 북미회담결렬과 대북경제지원부진에 대한 불만을 노골적으로 드러낸 개성연락사무소폭파와 해금강호텔해체는 북한 측의 강경대응을 보여준다. 남북한이 주거니 받거니 상대방에 대한 불신을 드러내면서 햇볕정책의 성과를 도려내 버린 대표적인 사례들이다.

남북한 간 교류협력이 지속가능한 형태로 계속 이어지지 못하는 이유는 무엇일까? 먼저, 안보와 경제를 병립시키는 데 실패한 북한 측의 문제다. 북한이 가장 우려하는 바는 자신들의 안위가 위태로워지는 일이다. 핵무기개발에 나선 이유가 미국과 남한으로부터의 군사적 위협에 대응하기 위한 것이라고 주장하는 만큼 경제적 인센티브에 취해 스스로 무장해제하는 일은 없다는 게 북한 측의 태도다. 핵개발을 중단하고 이미 만들어놓은 핵무기와 대륙간탄도미사일(ICBM)을 폐기하면 경제제재를 해제하고 북한이 경제적 번영을 누릴 수 있도록 지원하겠다는 미국과 한국 그리고 국제사회의 제안에도 불구하고 북한이 핵무기를 선제적으로 내려놓지 않는 이유다.

반면에, 남한 측이 가지고 있는 한계는 대북정책의 연속성 부재라고 할 수 있다. 대북정책의 역사를 돌이켜보면 어떤 정치세력이 정책의 주도권을 쥐느냐에 따라 대북정책이 냉탕과 온탕을 오고 가는 모양을 연출해온 것을 알 수 있다. 보수를 자칭하는 정권이 등장하면 남북관계는 냉기류가 흐르고 진보를 자칭하는 정권이 등장하면 남북관계에 훈풍이 불었다. 그리고 남북관계에 훈풍이 불 때 추진되었던 구체적인 사업들조차 보수 정권이 재집권하면 폐기되고 말았다. 정권의 성격에 따라 오락가락하는 갈지자 행보는 대한민국 국민들이 대북정책에 신뢰를 보내지 못하고 남남갈등에 시달리는 원인을 제공하고 있다.

분열된 정치체제라 할지라도 지속적인 교류에 기반을 둔 경제적 통합이 이루어지면 그것이 향후 통일의 밑거름이 된다는 것은 19세기에 이르러서야 최초로 통일국가를 형성한 독일의 역사에서 배울 수 있는 교훈이다. 19세기 초반까지 독일은 수많은 지방 영주의 영토로 분할되어 있었고 영주들 간의 경계를 넘을 때마다 관세가 부과되어 상공업이 발달하기 어려운 경제구조였다. 그러나 1834년 북부 프로이센의 주도 아래 창설된 관세동맹은 독일 자산계급의 성장을 촉진했고 이들은 자신들의 경제적 이익을 위해 독일의 통일을 희구하는 세력으로 성장했다. 비스마르크는 1862년 프로이센의 수상이 된 후 관세동맹을 독일의 정치적 통일을 위한 수단으로 적극적으로 활용했다. 마침내 관세동맹의 경제적 편익을 누리되 정치적으로는 독립적인 지위를 원하던 남부 독일의 정치지도자들도 독일 자산계급의 통일 요구에 굴복할 수밖에 없었다.

1871년 프로이센이 달성한 통일독일의 영토 경계가 당시 관세동맹의 경계와 거의 일치한다는 사실은 경제적 통합의 크기가 통일 후 영토의 크기를 결정한다는 점을 시사한다. 롤러코스터를 타는 듯한 우여곡절에도 불구하고 남북한이 함께 하는 한반도 평화경제를 끝까지 추구해야 하는 이유다. 유엔을 비롯한 국제사회의 경제제재와 남북한 교류협력의 중단으로 인해 지금은 한반도 평화경제로 가는 길목이 막혀 있지만, 다시 한번 뚜벅뚜벅 발걸음을 내디딜 기회를 만들어야 한다. 남북한의 안보 불안을 해소하고 남북한이 평화롭게 공존할 방안으로 거론되는 한반도 평화체제의 수립은 한반도 평화경제의 새로운 전개를 위해서라도 반드시 갖추어야 할 조건이다.

DMZ

남북한이 함께 평화를 꽃피우는
공영(共榮)의 길, 한반도 평화체제

함께 건너야 할 징검다리, 한반도 평화체제

한반도 평화체제의 최대 걸림돌, 북한의 핵무장

하노이 노딜, 실질적 핵보유국으로 향하는 북한

북한은 왜 CVID와 리비아 모델을 거부하는가?

독자적 핵무장론, 우리도 핵무장을 해야 할까?

다층적 안보딜레마, 돌파구는?

한반도 평화체제, DMZ에 유엔을 품어야 한다

유엔과 한반도, 역사적 관계를 넘어 창의적 관계로 나아가야!

유엔아시아사무국 DMZ 유치의 파급효과

남북한 공동외교로 유엔을 한반도 품으로!

한반도 평화는 세계평화를 위한 공공재다

제 3 장

남북한이 함께 평화를 꽃피우는
공영(共榮)의 길, 한반도 평화체제

함께 건너야 할 징검다리, 한반도 평화체제

유학 시절의 일이다. 어느 날 지도교수가 내게 물었다. '국제정치학을 선택해서 공부하는 이유가 뭐지?' 느닷없는 질문에 적지 않게 당황했다. 북핵 문제를 주제로 한반도와 동북아 안보환경에 대해 함께 연구한 지 꽤 시간이 지난 시점에서 굳이 나에게 동기를 따져 묻는 것이 뜻밖이었기 때문이다.

내 대답은 장황했다. '한반도는 지리정치적 여건

때문에 역사적으로 외세의 간섭을 많이 받았고, 현재는 남북분단으로 인해 늘 군사적 충돌의 위험을 안고 있는 불안정한 상태다. 한반도의 운명을 결정짓는데 국제정치의 역학관계가 큰 영향을 미쳤다고 보기 때문에 국제정치에 대한 전문적 지식을 공부해서 한반도의 운명이 외세에 의해 좌우되지 않도록 하는 길을 찾아보고 싶다.' 그런데 되돌아온 지도교수의 반응은 냉정했다. '한반도는 불안정하지 않다. 1950년 6·25 전쟁 이후 반세기가 넘도록 전쟁이 없었다는 것은 한반도를 둘러싼 국제정세가 안정적(stable)이라는 것을 의미한다.'

내 머릿속은 한층 더 복잡해졌다. '이건 무슨 소리지? 우리는 혹시라도 남북한 사이에 대규모 군사충돌이 다시 발생하지 않을까 하고 불안감에 시달리는데 국제정치를 전문적으로 연구하는 외국인 학자의 눈에는 한반도가 안정적인 상태로 보이다니! 오랫동안 전쟁이 일어나지 않았다고 해서 한반도가 과연 안정적이라고 말할 수 있을까? 백 보 양보해서 한반도의 정세가 '안정적'이라고 하더라도 그것이 곧 한반도가 '평화로운' 상태라는 의미로 치환될 수 있을까? 전쟁이 재발하지 않으면 평화로운 상태일까?'

평화를 단순히 전쟁이 벌어지지 않는 상황으로 이해한다면 1953년 이후 전쟁이 재발하지 않은 한반도는 평화를 누려왔다고도 할 수 있다. 그렇지만 대한민국 국민이라면 어느 누가 한반도가 지금까지 평화로웠다고 말할 수 있을까? 칸트는 전쟁의 위협이 계속되는 한 그것은 평화 상태가 아니라 전쟁 상태라고 설파했다. 평화를 보다 적극적으로 해석하는 관점에서는 전쟁이 없는 상태를 넘어 모든 폭력적 긴장이 해소된 상태에 다다라야 비로소 평화라고 말한다. 남북한이 궁극적으로 성취해야 할 진정한 평화는 이러한 '적극적 평화'다. 한민족이 적극적 평화를 누리기 위해서는 한반도의 완전한 평화통일을 이루는 것이 궁극적인 길이지만, 그러기에는 너무나 많은 장애물이 우리 앞을 가로막고 있다. 한반도 평화체제는 완전한 평화통일과 적극적 평화에 도달하기 위해 남북한이 함께 건너야 할 징검다리다.

한반도 평화체제의 최대 걸림돌, 북한의 핵무장

～～♪ '한반도 평화체제(Peace Regime on the Korean Peninsula)', 언제부터인가 '한반도 평화통일'을 대신해서 새롭게 거론되는 화두다. 평화통일이 당장은 실현하기 어렵다는 현실적인 인식 때문에 과도기적인 완충제도를 마련해야 할 필요성을 염두에 둔 잠정적인 대안이라고 할 수 있다.

'평화체제'란 항구적인 평화를 유지하는 데 필요한 유무형의 규범과 제도를 통칭하는 개념이다. 한반도 평화체제는 남북한을 비롯한 6·25 전쟁 관련국 상호

간에 전쟁의 종식을 공식적으로 표명하는 종전선언을 시작으로 해서, 평화를 보장하기 위한 법적인 약속에 해당하는 평화협정을 거쳐, 한반도에 지속가능한 평화가 사실상 실현되는 상태를 의미한다. 따라서 한반도에서 평화체제가 현실화되기 위해서는 '정전협정을 평화협정으로 대체하는 평화적 전환', '한국전쟁과 관련한 남북한, 북미 간의 적대관계 해소', '평화번영을 위한 남북교류협력의 제도화', '북한의 비핵화' 등 많은 과제가 해결되어야 한다.

현시점에서 한반도 평화체제의 실현을 가로막는 최대 걸림돌은 북한의 핵무장이다. '북핵문제'라는 망령이 한반도를 뒤덮은 지가 벌써 30년, 비핵화를 위한 협상이 일시적인 타결에 성공하는 듯하다가도 최종적인 합의를 둘러싸고 협상 결렬이 반복되는 동안 북한의 핵능력은 점점 고도화되고 있다. 북한의 핵무장 강화는 비핵화를 위한 협상의 파이가 커지면서 이해당사자들이 지불해야 할 기회비용이 늘어나고 타협의 문에 들어서는 길이 점점 좁아지고 있다는 뜻이기도 하다.

국제원자력기구(IAEA)가 북한의 핵무기개발 의혹을 최초로 제기한 것은 1992년의 일이다. 핵개발 의혹을 부인하던 북한이 핵사찰을 거부하고 핵확산금지조약(NPT) 탈퇴를 선언하면서 제1차 북핵위기가 시작되었고, 당시 미국의 빌 클린턴 행정부는 협상전략을 택했다. 1994년 10월 체결된 제네바 합의에서 북한이 핵개발을 중단하고 기존 핵시설의 해체를 약속하는 대신 미국은 1,000메가와트 용량의 경수로 2기를 건설해주되 경수로가 완공될 때까지는 대체연료로 연간 중유 50만톤을 제공하기로 했다. 그러나 북한과의 타협을 못마땅해하는 미국내 반대의 목소리가 제네바 합의의 충실한 이행을 방해했고, 북한은 미국의 약속 불이행을 비난하면서 비밀리에 핵무기개발을 진행시켰다.

2001년 1월에 등장한 미국의 조지 W 부시 행정부

는 전임 클린턴 행정부의 대북정책을 전면 재검토하는 방식으로 북한을 압박했다. 2002년 10월, 북한은 부시 행정부의 대북특사로 평양을 방문한 제임스 켈리에게 고농축우라늄(HEU) 프로그램을 가동하고 있다는 사실을 실토했다. 제2차 북핵위기였다. 미국과 북한 사이의 협상의제로만 다루어지던 북한 비핵화 문제가 한국·일본·중국·러시아까지 관여하는 국제적인 현안으로 떠오른 것도 이때부터다. 남북한과 미·중·일·러가 참여하는 6자회담이 2003년 8월 베이징에서 처음으로 열렸다. 북한 비핵화 문제를 다루기 위해 여러 차례 개최되었던 6자회담은 2005년 채택한 9·19 공동성명을 통해 북한 비핵화와 한반도 평화체제의 수립을 동시에 추진해야 할 과제로 설정했다. 2008년 12월 마지막 수석대표회의가 열리기까지 6자회담은 북핵문제의 완전한 해결, 한반도 평화체제의 확립, 동북아 지역안보체제의 수립이라는 안보현안을 매듭짓기 위해 노력했으나 끝내 성공하지 못했다. 협상을 최종적으로 마무리하는 단계에서 북한의 핵무기 생산 활동을 구체적으로 검증할 국제원자력기구의 시료 채취 요구를 북한이 거부했기 때문이다.

한편, 2009년 1월에 임기를 시작한 미국의 버락 오바마 행정부는 출범 당시 북핵문세의 해결을 위해 보다 전향적인 접근방식을 보여줄 것으로 기대를 모았다. 하지만 오바마 행정부의 대응은 기대와는 달랐다. '전략적 인내(Strategic Patience)'로 표방되는 오바마 행정부의 대북정책은 북핵문제를 협상으로 풀어나가는 것이 아니라 유엔 안전보장이사회 차원의 경제제재 등 압박을 지속하며 북한이 스스로 포기하기를 기다린다는 기조였다. 오바마 행정부 8년간 계속된 전략적 인내 정책의 결과는 북한 핵능력의 고도화로 이어졌다. 2006년 10월 9일 제1차 핵실험 이후 핵실험을 중단했던 북한은 오바마 대통령 재임기간에 4차례의 추가 핵실험을 단행하면서 수소폭탄급 핵무기개발에 다가섰고, 핵탄두를 실어나를 대륙간탄도미사일 개발에도 박차를 가했다. 오바마 행정부의 전략적 인내는 북한이 수소폭탄급 핵탄두와 대륙간탄도미사일을 개발할 수 있는 충분한 시간을 허용했다는 점에서 '전략적 실패'라는 비판을 받고 있다. 미국의 '전략적 인내'가 초래한 결과는 북한의 '전략적 성공'에 다름 아니었다는 지적이다.

하노이 노딜,
실질적 핵보유국으로 향하는 북한

꿈이 미국이 자국의 안보에 대해 직접적인 위협으로 인식하는 것은 북한의 핵탄두 자체보다 북한이 개발한 대륙간탄도미사일이다. 대륙간탄도미사일 개발은 북한이 미국 본토를 핵탄두가 탑재된 미사일로 공격할 수 있는 능력을 보유했다는 것을 뜻하기 때문이다. 미국의 도널드 트럼프 행정부가 북한과의 핵폐기 협상에 전격적으로 나선 배경 가운데 하나다.

2018년 6월 12일 싱가포르에서 열린 최초의 북미 정상회담에서 트럼프 대통령과 김정은 위원장은 한반도 평화체제 구축과 한반도의 완전한 비핵화를 위해 노력하기로 합의했다. 북한 비핵화의 구체적인 범위와 방법에 관한 논의는 2019년 2월 하노이에서 개최된 두 번째 정상회담에서 다루어졌다. 북한은 핵무기개발의 산실 역할을 해오던 영변 핵시설의 완전한 해체를 협상조건으로 내걸었으나 영변 플러스 알파를 내세워 영변 이외의 의심스러운 핵시설 해체까지 요구하는 미국의 요구에 가로막혀 미국과 북한의 핵협상은 아무런 결실없이 원점으로 되돌아가고 말았다. 일명 하노이 노딜(No Deal)이다.

2021년 1월에 출범한 조 바이든 행정부의 북한 비핵화 전략에 대해서는 기대 반 의심 반의 눈초리들이다. 북한과 대화의 문이 언제나 열려 있다는 바이든 행정부의 입장표명이 대화를 통한 외교적 해법에 대해 기대를 갖게 만드는 동시에, 혹시나 원칙적인 입장만 되풀이하면서 북한이 전략적 시간을 갖도록 허용했던 오바마 행정부의 정책을 재현하는 '전략적 인내 2.0'이 되지 않을까 하는 우려가 있기 때문이다. 이런 와중에 북한은 바이든 행정부의 대북정책을 시험하는 한편 핵무장 의지를 분명하게 드러내는 조치를 감행했다. 2022년 3월 24일 대륙간탄도미사일 고각발사시험을 실시한 것이다. 2018년 6월 싱가포르 북미정상회담에 나서기에 앞서 김정은 위원장이 약속했던 핵실험 중지와 대륙간탄도미사일 발사시험 중지라는 모라토리엄은 이것으로 파기되었다. 북한 비핵화라는 과제는 다시 깊은 동굴 속으로 숨어들었고 이제 실질적 핵보유국의 지위를 주장하면서 핵선제공격까지 거론하는 북한을 상대해야 하는 어려운 국면이 전개되고 있다.

북한은 왜 CVID와 리비아 모델을
거부하는가?

༄ 미국 정부가 북핵문제를 다룰 때 늘 거론하는 두 가지가 있다. 'CVID'와 '리비아 모델'이 그것이다, CVID(Complete, Verifiable, Irreversible Dismantlement)는 말 그대로 북한의 핵무기개발 프로그램을 완전하고, 검증 가능한 방식으로 그리고 복원할 수 없는 불가역적인 형태로 폐기해야 한다는 것이다. CVID는 2001년 조지 W 부시행정부가 출범하면서 북한 비핵화의 원칙으로 내세운 것인데, 2006년 10월 9일 제1차 북핵실험 이후에 채택된 모든 유엔안보리결의안은 북한이 이미 보유한 핵무기와 현재 진행 중인 핵개발 프로그램을 '완전하고, 검증 가능하며, 불가역적인 방식(CVID)'으로 포기할 것을 촉구해왔다.

바이든 행정부의 첫 번째 주한미국대사로 지명된

필립 골드버그도 2022년 4월에 열린 상원 인준 청문회에서 CVID를 단호하고 지속적으로 추진해야 한다고 강조했다. 그러나 북한은 CVID에 대해 그야말로 경기를 일으키는 수준의 거부반응을 보이고 있다. 북한 처지에서는 안전보장에 대한 담보가 불확실한 상태에서 핵무장을 완전히 해제하라는 요구로 받아들여지기 때문이다.

한편, 하노이 노딜의 배경에는 결정적인 순간마다 리비아 모델을 언급함으로써 북미 핵협상에 찬물을 끼얹었던 트럼프 대통령의 국가안보보좌관 존 볼턴의 역할이 한몫을 차지했다. 리비아 모델은 '선(先) 비핵화 후(後) 체제보장'을 의미하는 핵협상 방식으로 미국의 경제지원과 안전보장을 약속받는 대신 핵무기개발을 선제적으로 포기한 리비아 사례를 말한다.

리비아의 카다피 정부는 1970년대부터 핵무기 프로그램을 추진했지만, 핵무기개발을 완성하기 전에 핵 프로그램 포기를 선언했다. 2003년 12월 핵무기 개발 및 도입을 위한 노력을 포기하겠다고 선언한 카다피 정부는 이후 국제원자력기구(IAEA)의 핵사찰을 수용하고 핵포기 결정을 실질적으로 이행했음을 확인받았다. 리비아가 핵무기 프로그램을 포기한 배경에는 수십 년간 이어진 국제사회의 경제적·외교적 제재가 있었다. 특히 미국과 유엔 안보리의 경제제재는 리비아의 기간산업인 석유산업의 현대화를 가로막아 경제성장을 도모할 수 없도록 만들었고, 결국 카다피가 핵무장 시도를 중단하도록 하는 결과를 얻어냈다.

리비아는 미국의 경제적 지원과 외교관계 정상화를 믿고 핵무기개발 프로그램을 폐기했지만, 그 후 카다피는 비참한 최후를 맞게 된다. 2011년 아랍의 봄이 확산하면서 리비아에도 민주화 운동과 반정부 시위가 벌어졌고, 이는 정부군과 반군이 교전하는 내전으로 비화했다. 이때 미국은 반군을 지원했고 카다피는 내전의 와중에 사살되었다. 리비아 사례에서 북한이 배운 학습효과는 핵을 선제적으로 포기하면 내란이 발생할 수 있고 결국에는 북한 정권의 붕괴로 이어질 수 있다는 점이다. 미국 정부가 앞세우는 리비아 모델을 북한이 결단코 수용하지 않는 이유다.

북한 비핵화 문제를 다루는 데 있어서 미국과 북한의 입장을 조율하는 중재자를 자임하고 나섰던 문재인 정부는 큰 틀에서는 포괄적으로 합의하되 구체적인 이행은 단계적으로 실행하자는 '포괄적 합의, 단계적 이행' 방안을 대안으로 제시했다. 북한과 미국이 북한 핵무기의 완전한 폐기와 북한에 대한 체제보장을 서로 맞교환하는 원칙적 합의에 기초해서 북한 핵프로그램의 동결 - 국제원자력기구의 핵사찰 및 검증 - 기존 핵무기의 완전한 폐기 등 북한 비핵화의 구체적인 진전 단계에 따라 한반도 종전선언 - 대북 경제제재 해제 - 미국·북한 수교 - 한반도 평화협정 체결 등의 상응하는 조치를 단계적으로 이행하자는 방안이었으나 하노이 노딜 이후 아무런 결실도 거두지 못했다.

독자적 핵무장론,
우리도 핵무장을 해야 할까?

　　∽ 북한 비핵화 협상이 구체적인 성과를 내지 못하면서 대한민국도 독자적인 핵무장을 통해 북한의 핵무기 위협에 대응하는 '공포의 균형(balance of terror)'을 도모해야 한다는 목소리가 커지고 있다. 공포의 균형이란 서로가 핵무기를 보유하고 있는 상태에서 어느 한쪽이 선제 핵공격에 나설 경우 상대방으로부터 핵보복을 당할 수 있다는 두려움 때문에 결국 핵무기의 선제적 사용을 억제하게 되는 핵무력의 균형상태를 뜻하는데, 냉전기에 미국과 소련 사이의 핵군비경쟁을 촉진했던 상호확증파괴(mutual assured destruction)전략에 근거한다.

독자적 핵무장은 군사안보의 강화를 도모하는 어느 나라에나 달콤한 유혹이다. 강대국의 군사적 압박에 당당하게 맞설 수 있고, 국민들에게는 핵을 보유한 강대국이라는 자긍심을 한껏 고취하기 때문이다. 북한의 핵위협에 직면하고 있는 우리로서도 솔깃해지는 대안이다. 그러나 독자적 핵무장으로 가는 길은 섶을 지고 불길에 뛰어드는 것만큼이나 무모한 선택이 될 위험을 안고 있다.

첫째, NPT 체제가 주는 불이익이다. 핵확산금지조약(NPT: Nuclear Nonproliferation Treaty)은 1967년 1월 1일을 기준으로 이미 핵무기를 보유하고 있던 미국·소련·영국·프랑스·중국 등 5개국을 제외한 다른 나라가 새로 핵무기를 개발하거나 획득하는 것을 금지한 조약이다. 1945년 8월 히로시마와 나가사키에서 가공할 위력을 보여주었던 핵무기가 전 세계적으로 확산되는 것을 방지한다는 명분을 내세운 조치였다.

핵확산금지조약이 발효된 이후 독자적인 핵무장에 나섰던 국가들은 대부분 유엔 차원의 경제제재와 외교적 봉쇄에 직면했다. 남아프리카공화국·리비아·이라크 등은 제재에 굴복해서 결국 핵무기개발을 포기했고, NPT 조약 가입을 거부했던 인도와 파키스탄은 독자적인 핵무장을 통해 실질적 핵보유국의 지위를 인정받은 상태다. 북한은 유엔 차원의 경제적·외교적 봉쇄로 고립된 채 자력갱생을 부르짖으면서 인도·파키스탄처럼 실질적 핵보유국의 지위를 노리고 있다. 그러나 수출형 개방경제에 의존하는 대한민국이 유엔 차원의 경제적·외교적 봉쇄를 감수하면서 독자적인 핵무장에 나선다는 것은 상상하기 어려운 비현실적인 시나리오다. 한국전쟁 이후 70년 넘게 일구어온 사회경제적 기반이 송두리째 무너질 위험이 매우 크기 때문이다.

둘째, 만에 하나 대한민국이 국제사회의 제재를 감

내하고 독자적인 핵무장에 성공해서 북한의 핵무기와 견주는 공포의 균형을 이룬다고 해도 그것은 북한과의 무한 핵군비경쟁을 의미할 뿐이다. 사회와 경제의 발전을 위해 투자해야 할 인적·물적 자원을 남북한이 핵무기개발과 핵무기시설의 유지·보수를 위해 끝없이 쏟아부어야 한다면 선진문명국가로 나아가기 위한 길은 멀어질 수밖에 없다. 게다가 남북한의 어느 한쪽에서 인간적 실수나 기술적 실수로 인해 핵버튼이 작동하는 날에는 지구상에서 한반도를 찾아보기 어려울지도 모른다.

셋째, 북한의 핵무기개발이 대한민국의 독자 핵무장론을 촉발하는 것처럼 대한민국의 독자적 핵무장은 일본과 대만의 독자적 핵무장을 연쇄적으로 불러일으키는 방아쇠 역할을 할 가능성이 농후하다. 동북아 지역에서 북한-한국-일본·대만으로 이어지는 핵 도미노 현상이 벌어지게 되면 동북아는 전 세계에서 핵무기 밀집도가 가장 높은 지역이 될 것이고, 한반

도는 동북아의 모든 핵보유국이 겨냥하는 핵타겟이
될 것이다. 결론적으로 독자적 핵무장은 대한민국이
갈 길도 아니고 갈 수도 없는 길이다.

다층적 안보딜레마, 돌파구는?

　～ 한반도가 처한 안보 상황은 다층적 딜레마
의 양상을 띠고 있다. 우선 당면하고 있는 안보 위협
은 남북한 사이의 군사적 대립에서 비롯된다. 6·25
전쟁 이후 남북한의 체제경쟁과 함께 진행된 재래
식 군비경쟁은 이미 오래전에 남한의 압도적 우위
로 결말이 났다. 북한 경제가 파탄난 데 비해 남한의
경제는 고도성장을 거듭하면서 경제력 격차가 커졌
고 그것이 군사력의 격차로 이어졌기 때문이다. 재
래식 군비의 열세라는 상황에서 맞이하게 된 냉전체
제의 종식은 북한 체제의 불안을 증폭시키면서 북한

이 핵무기라는 비대칭전력의 확보에 집착하도록 만드는 배경이 되었다. 1990년대 이래 30년 넘게 진행된 북한의 핵무기개발은 이제 수소폭탄급 핵탄두의 실험과 대륙간탄도미사일 시험 발사를 거치면서 마침내 북한이 핵무력을 완성했다고 선언하는 지경에 이르렀다.

아시아 패러독스(Asia Paradox) 역시 무시할 수 없는 위협 요소다. 아시아 패러독스는 냉전 종식 이후 아시아 역내국가 사이에 경제교류가 활발해지면서 경제적 상호의존성이 높아졌음에도 불구하고 정치·안보 분야에서의 상호협력은 이에 미치지 못한 채 오히려 불협화음이 커지는 현상을 일컫는 말이다. 그 원인으로는 역사논쟁, 영토분쟁, 민족주의가 꼽히는데 그중에서도 영토분쟁이 가장 큰 요인으로 지목된다. 특히 동북아시아 지역에서는 한국, 중국, 일본, 러시아 등 네 나라 사이에 크고 작은 영토분쟁과 역사논쟁이 서로 교차하면서 정치·안보 분야에서의 상호협력을 더욱 어렵게 만들고 있다. 한·일 간에 원만한 외교관계가 수립되지 못하는 것도 역사논쟁, 영토분쟁, 민족주의 문제가 복합적으로 얽혀 있기 때문이다.

마지막으로 미국과 중국 사이에 벌어지고 있는 패권경쟁은 국제정치 구조의 차원에서 안보 불안을 야기하는 요인이다. 2000년대 중반부터 가시화되기 시작한 중국의 급성장은 미국의 경계심을 불러일으키기에 충분했다. 오바마 행정부는 아시아 회귀전략(Pivot to Asia)으로 중국의 팽창을 견제하기 시작했고, 트럼프 행정부에 이르러서는 미·중 무역분쟁의 형태로 중국에 대한 본격적인 봉쇄가 이루어졌다. 조바이든 행정부 역시 대중 봉쇄정책을 이어가고 있는데, 2021년 3월에 열린 쿼드(QUAD) 정상회담은 트럼프 행정부 시절부터 중국의 영향력을 견제하기 위해 추진하던 인도-태평양 전략을 공식적으로 재확인한 것이다. 미국의 전략은 한국, 뉴질랜드, 베트남을 포함하는 쿼드 플러스로 아시아판 NATO를 만들려는 구상으로 발전하고 있는데, 중국의 도전과 미국의 응전이 동아시아 지역을 신냉전체제로 몰아가고 있다는 우려가 커지고 양상이다.

이와 같은 다층적 안보딜레마 상황은 한반도의 평화를 다각도로 위협하고 있다. 북한의 핵위협은 가장 직접적인 안보 불안 요소이며, 아시아 패러독스는 한반도를 둘러싼 동북아지역에서 주변국가와 안보협력을 방해하는 핵심요인이다. 특히 미·중패권경쟁은 한국 정부가 한미동맹을 중심으로 한·미·일 삼각안보협력을 강화할 것인지 아니면 미국과 중국 사이에서 균형외교를 추구한다는 명분으로 줄타기를 계속할 것인지 선택을 강요한다. 그렇다면 다층적 압박에서 벗어나 남북한의 안보 불안을 해소하고, 북한 비핵화를 끌어내면서, 한반도 평화체제를 구현할 방안은 어떻게 마련할 것인가?

한반도 평화체제,
DMZ에 유엔을 품어야 한다

〰️ 한반도 평화체제는 남북한의 합의와 주변 강대국의 협력이 있어야 실현될 수 있다. 그러나 북한 비핵화라는 난제, 아시아 패러독스, 미·중패권경쟁이 강요하는 줄서기 등 다층적 안보딜레마에 처해 있는 한반도 상황을 고려할 때 한반도 평화체제의 수립은 그 실현가능성을 장담하기가 매우 어려운 게 사실이다. 설령 한반도 평화체제가 출범한다고 하더라도 남북한 갈등의 재발이나 미·중패권경쟁의 격화 등 국제 정세에 따라 그 존속 여부가 흔들리게 된다면 한반도의 평화를 확실하게 보장할 수 없게 된다.

따라서 국제평화를 담보하는 유엔의 핵심기능을 한반도에 유치함으로써 유엔과 남북한이 공간적·물리적으로 한 덩어리가 되게끔 하는 방식으로 한반도 평화체제의 지속가능성을 모색할 필요가 있다. 만약 한반도 비무장지대에 유엔뉴욕본부나 유엔제네바본부에 버금가는 유엔아시아사무국을 유치할 수 있다면 전쟁을 상징하는 DMZ의 부정적 이미지가 평화를 상징하는 유엔의 긍정적 이미지로 탈바꿈함으로써 한반도 평화정착에 더할 나위 없는 시너지 효과를 기대할 수 있다. 세계의 화약고라는 오명을 쓰고 있는 한반도 DMZ가 일거에 세계평화의 대명사인 유엔의 본거지로 변모하는 것이기 때문이다.

DMZ를 평화적으로 이용하자는 구상은 한반도 평화를 희구하는 정치·종교 지도자들에 의해 다양한 방식으로 거론되어왔다. 문재인 전 대통령은 2019년 유엔 총회 연설을 통해 DMZ에 유엔기구 등 국제기구를 유치해서 국제평화지대로 만들자고 제안한 바 있고, 박근혜 전 대통령은 2013년 미국 상·하원 합동 연설에서 DMZ를 세계생태평화공원으로 조성하자고 제안했다. 김대중·노무현 정부 역시 DMZ 평화공원조성에 관해 북한의 의사를 타진했던 것으로 알

려져 있다. 종교계에서는 천주평화연합(Universal Peace Federation)의 문선명·한학자 총재가 2000년 8월 유엔뉴욕본부에서 한반도 평화를 위해 DMZ 일대를 유엔기구와 평화공원을 담은 유엔 관리 하의 평화지구로 만들 것을 역설하기도 했다.

전쟁으로 희생된 병사들을 추모하기 위해 DMZ에 평화공원을 세우는 것도 훌륭한 방안이고, 오랫동안 사람의 손길을 피해 자생해온 DMZ의 생태계를 활용해서 자연생태계의 학습장으로 만드는 것도 좋은 방안이다. 그러나 우리에게 무엇보다 필요한 것은 DMZ의 상징성을 활용해서 한반도에 지속가능한 평화가 뿌리내리도록 하는 일이다. 따라서 한반도 평화체제의 상징이 될 유엔아시아사무국 유치를 DMZ 활용방안의 핵심사업으로 설정하고, 여기에 더해 전쟁희생자를 추모하는 평화공원 기능과 자연생태 학습장의 기능을 복합적으로 구현하는 국제평화지대로 확장하는 방안을 생각해볼 필요가 있다.

한반도 DMZ에 위치하는 유엔아시아사무국은 남북한과 유엔이 공간적·물리적으로 결박하는 양상이므로 북한과 주변 강대국들의 무력시위를 미리 예방하는 작용이 다른 어떤 경우보다 확실하다고 볼 수 있다. 남북한의 갈등이 재발한다고 하더라도 또는 주변 강대국들 사이에 안보 불안이 증대한다고 하더라도 유엔아시아사무국이 위치한 공간에서 직접적인 무력을 행사하는 경우는 상상하기 어렵기 때문이다. 이는 강력한 무장력을 갖추지 않은 중립국 스위스가 심각한 안보 위협에 시달리지 않는 이유가 유엔제네바본부를 비롯해서 많은 국제기구를 유치한 덕분이라는 점에서도 확인된다.

유엔과 한반도, 역사적 관계를 넘어 창의적 관계로 나아가야!

〜〜〜 유엔은 한반도의 현대사와 떼려야 뗄 수 없는 관계를 맺어 왔다. 유엔은 무엇보다 대한민국 국가건설에 중대한 역할을 담당했다. 해방 후 제헌의회 소집을 위한 남북한 총선거는 북한의 거부로 인해 1948년 5월 10일 남한 지역에서만 치러졌는데, 유엔 총회는 유엔 감독하에 치러진 총선거의 결과를 승인하고 대한민국 정부수립을 공인했다. 1950년 한국전쟁이 발발하자 유엔은 즉각 연합군을 파견해서 대한민국이 민주주의 정치체제를 유지할 수 있도록 지원했고, 한국전쟁이 끝난 후에도 유엔은 대한민국의 전후 재건을 위해 구호물자 등 인도적 지원을 아끼지 않았다. 유엔의 정치적·군사적·경제적 지원에 힘입은 대한민국은 21세기에 이르러 마침내 유엔이 인정하는 선진국 반열로 도약할 수 있게 되었으니,

제2차 대전 직후의 정부수립과 한국전쟁 후 국가재건 모두의 면에서 유엔으로부터 결정적인 도움을 받은 결과였다. 한편, 유엔의 후원에 힘입어 대한민국의 국력이 선진국 수준으로 발전했음에도 불구하고 한반도는 여전히 군사적 긴장과 강대국의 입김에서 벗어나지 못하고 있다. 한반도에 항구적인 평화를 정착시키기 위해 유엔과 한반도의 역사적 관계를 바탕으로 새로운 창의적 관계를 모색하게 되는 이유다.

전 세계에 유엔사무국이 설치된 곳은 미국 뉴욕, 스위스 제네바, 오스트리아 비엔나, 그리고 케냐의 나이로비 등 네 곳뿐이다. 1952년에는 뉴욕에 유엔본부가 설립되었고, 두 번째 유엔본부는 제네바에 설치되었다. 1980년 비엔나사무국, 2011년 나이로비사무국의 설치에 이르기까지 유독 아시아 지역만 유엔사무국의 설치에서 소외되었다. 아시아 인구는 전 세계 인구의 60%에 달하는 45억 명이다. 아시아 지역에 위치하는 유엔 회원국만 해도 54개국에 이른다. 그런데도 중동 분쟁이나 동아시아 군비경쟁, 종교 갈등으로 인한 테러 등의 문제를 집중적으로 다룰 만한 유엔사무국이 아시아 대륙에는 설립되지 않았다.

아시아의 현재 모습은 상호번영과 상호파괴가 교차하는 형국이다. 아시아는 전 세계에서 가장 긴 경제적 부흥기를 이끌어왔다. 일본이 주도한 1950년대~1990년대의 경제성장, 1961년 이후 대한민국이 성취한 한강의 기적, 그리고 1978년 개혁개방 이후 세계의 공장으로 탄생한 중국의 도약이 그것들이다. 이러한 경제성장은 아시아 국가들 사이에 경제적 상호의존을 키워왔다. 다른 한편, 아시아 역내의 안보 갈등을 증폭시키는 문제들도 상존한다. 역내국가들 사이의 영토 갈등과 군비경쟁, 강대국들의 패권경쟁, 그리고 핵무기개발에 이르기까지 다양한 영역에 걸쳐서 분쟁의 요소들이 평화를 갉아먹고 있다. 역내국가들 사이에 깊이 뿌리내린 경제적 상호의존과 역사

갈등 및 국익 충돌에 따른 적대적 관계의 병존이 소위 '아시아 패러독스'를 연출하고 있다. 따라서 유엔이 아시아 지역의 평화창설, 평화유지, 분쟁 후 평화건설에 제대로 기여하기 위해서는 유엔본부급사무국을 아시아 지역에 신설할 필요가 있다.

유엔아시아사무국을 신설한다면 어디에 자리를 잡아야 할까? 인도 뉴델리, 중국 베이징, 일본 도쿄, 한국의 서울, 심지어는 북한의 평양까지도 후보지로 고려할 수 있다. 그러나 최적의 입지는 무엇보다 한반도 DMZ다. 냉전 종식 이후 안보환경이 크게 달라졌음에도 불구하고 남북한은 여전히 DMZ를 사이에 둔 채 군사적으로 대립하고 있다. 휴전협정은 어디까지나 임시적인 조치였을 뿐 한국전쟁의 공식적인 종결이 합의된 것은 아니다. 그 때문에 한반도에서는 크고 작은 군사적인 도발과 충돌이 끊이지 않았고 남북한 사이에는 군비경쟁이 계속되었다. 최근에는 북한의 핵무력 완성 선언으로 인해 핵군비경쟁까지 우려해야 하는 상황이다.

유엔 헌장 제1조는 "효과적이고 집단적인 수단을 통해 평화를 위협하는 요인들을 방지하고 제거함으로써 국제 평화와 국제 안보를 지키는 것"을 유엔의 핵심 임무로 규정하고 있다. 특히 냉전 종식 후 유엔의 역할을 정의한 '평화 의제(An Agenda for Peace)'에 따르면, 유엔은 평화창설(peacemaking), 평화유지(peacekeeping), 분쟁 후 평화정착(post-conflict peace-building)을 탈냉전기에 자신이 수행해야 할 주요 역할로 내세운 바 있다. 평화 의제의 핵심개념을 한반도와 유엔의 역사적 관계에 대입해보면, 대한민국 정부수립 시기에는 유엔이 평화창설(peacemaking)의 역할을, 6·25 전쟁기에는 유엔이 평화유지(peacekeeping)의 역할을 그리고 6·25 전쟁 후 대한민국 재건의 시기에는 분쟁 후 평화정착(post-conflict peace-building)의 역할을 수행한 것으로 평가할 수 있다. 하지만 유감스럽게도 분

쟁 후 평화정착(post-conflict peace-building)이
라는 유엔의 역할은 한반도에서 아직 그 책임을 다
하지 못했다. 예를 들어, 북한의 핵무기개발은 한반
도정세에 유엔안보리가 다시 개입하도록 만들었으
나 유엔안보리는 시종일관 결의안에 근거한 경제제
재를 통해 북한을 굴복시키는 데만 열중하고 있다.

　30년의 세월이 흐르는 동안 점점 심각해진 북핵문
제를 해결하기 위해서는 유엔의 접근방식에도 획기
적인 변화가 필요하다. 한반도 DMZ에 유엔아시아
사무국이 들어선다면 북핵문제를 유엔 차원의 외교
적 협상으로 다룰 새로운 기회가 만들어질 가능성이
커진다. 멀리 떨어진 뉴욕이나 제네바의 회담 테이블
이 아니라 분쟁과 갈등의 한가운데인 한반도 DMZ
에서 남북한 당국과 이해당사국들이 모여 대화와 타
협을 통해 해결책을 모색할 수 있기 때문이다. '분쟁
후 평화정착'은 유엔이 한반도에서 수행해야 할 마지
막 과제라고 할 수 있다. 한반도 DMZ를 유엔아시아

사무국을 유치하기 위한 최적의 장소로 거론하는 이유다. 비무장지대라는 이름과는 달리 남북한의 중화기가 배치된 DMZ에 유엔아시아사무국을 신설 유치해서 남북한과 유엔을 하나의 실타래로 묶는다면 항구적인 한반도 평화체제의 구현을 기대해볼 수 있다.

유엔아시아사무국 DMZ 유치의 파급효과

유엔아시아사무국이 한반도 DMZ에 설치되었을 때 누릴 수 있는 긍정적인 파급효과는 일일이 거론하기 어려울 정도다. 무엇보다 항구적인 한반도 평화체제의 수립, 동북아시아 지역 안보의 보장, 그리고 유엔의 신뢰성 제고라는 효과를 기대할 수 있다.

우선 유엔아시아사무국이 기여할 수 있는 의제들 가운데 특별히 주목할 것은 한반도 평화체제의 수립이다. DMZ 내 유엔아시아사무국의 존재 자체만으로도 남한과 북한이 군사적으로 충돌하지 않을 것이라는 상징적인 신뢰를 남북한 주민뿐만 아니라 전 세계인들이 가지게 될 것이다. 휴전상태에서의 남북한 관계는 늘 불안정할 수밖에 없었다. 궁극적인 한반도 평화는 남북한 통일이 이루어져야 실현되겠지만 통일이 이루어지기 전까지 한반도의 평화를 안정적으로 관리하기 위한 제도적 장치가 반드시 필요하고 한반도 평화체제는 그 대안으로 제시되어 왔다.

이러한 상황에서 한반도 DMZ에 유엔아시아사무국을 유치한다면 한반도에서 분쟁 후 평화건설과 관련된 핵심사안들을 해결하기 위한 역사적인 전환점을 마련할 수 있다. 예를 들어, 유엔아시아사무국은 남북한 상호신뢰구축과 군비축소, 비핵화 협상을 위한 회담테이블을 제공함으로써 한반도 평화를 위한 중재자로서의 역할을 분쟁의 현장에서 직접 수행하게 된다. 이는 결국 한반도 평화체제의 수립에 결정적으로 기여할 것이다. 한반도 DMZ에 유엔아시아 사무국을 품어 안아서 유엔과 함께 하는 항구적인 한반도 평화체제를 구현하자는 것이다.

다음으로 기대되는 파급효과는 동북아시아 지역 안보의 보장이다. 현재 동북아지역의 군비경쟁은 점입가경의 지경으로 치닫고 있다. 중국·미국·일본 등 강대국들 사이에 벌어지고 있는 재래식 전력의 현대화 경쟁에 더해 북한의 핵무기개발로 인한 핵도미노의 가능성까지 대두하는 실정이다.

동북아지역의 비핵국가들은 나름대로 핵무장에 나설만한 각자의 동기를 지니고 있다. 북한의 핵무장은 한국 사회에서 독자적인 핵무장의 필요성을 강조하는 목소리를 낳았고, 일본의 경우에는 북한으로부터의 핵위협에 더해 중국의 팽창에 따른 위협 인식 때문에 핵무장에 대한 압력이 강해지고 있다. 대만 역시 중국으로부터의 안보 위협을 해소하기 위해 핵무장에 의존하려는 유혹에 노출되어 있다. 이는 동북아

지역에서 북한에 의해 촉발된 핵도미노의 가능성이 점점 커지고 있다는 뜻이다.

따라서 동북아지역의 안보환경은 역내국가들이 군비경쟁에 힘을 쏟기보다 지역협력에 나서도록 누군가 중재하는 역할이 필요한 상황이다. 유엔아시아사무국의 한반도 DMZ 유치는 동북아지역의 안전보장을 위해 유엔이 역내에서 직접적인 역할을 하도록 초청하는 것에 다름아니다. 이를 통해 동북아지역에서의 군비 현대화 경쟁과 핵무장경쟁의 위험성을 유엔이 선제적으로 감독하고 통제할 수 있도록 해야 한다.

마지막으로 유엔아시아사무국의 한반도 DMZ 유치는 전 세계적 차원에서 유엔의 신뢰성을 제고하는 계기가 될 것이다. 무엇보다 세계의 화약고 한반도 DMZ 안에 유엔아시아사무국이 존재한다는 것 자체가 평화유지 및 평화건설을 위한 유엔의 헌신적 기여를 상징하는 것이다. 러시아의 우크라이나 침공에도 불구하고 아무런 역할을 보여주지 못하는 유엔에 대한 신뢰가 크게 흔들리고 있는 상황에서 유엔아시아사무국이 한반도와 동북아시아에서 분쟁의 중재자 및 평화의 감독자 역할을 성공적으로 수행한다면 그것은 유엔이 표방하는 예방외교의 훌륭한 모범사례로 평가받게 될 것이다.

이미 살펴본 것처럼, 유엔은 대한민국 정부수립기와 한국전쟁 시기에 한반도의 평화를 위해 기여한 바가 매우 크다. 이제는 유엔이 한반도에서 수행해온 평화창설과 평화유지의 역할을 한 단계 더 발전시켜서 분쟁 후 평화건설에 결정적으로 기여할 만한 큰 걸음을 내디딜 때다. 그 걸음은 유엔이 전 세계인들로부터 신뢰를 회복하는 데 한껏 이바지하게 될 것이다.

남북한 공동외교로 유엔을 한반도 품으로!

～ 유엔아시아사무국을 한반도 DMZ에 유치하기 위해 우리는 무엇을 해야 할까? 우선 국제사회를 향해 유엔아시아사무국의 필요성과 그 역할에 대해 설득할 수 있어야 한다. 그리고 무엇보다 유엔아시아사무국의 역할을 수행하는 데 한반도 DMZ가 최적의 장소라는 점에 대해 국제적 공감대를 이끌어내야 한다.

1950년 6·25 전쟁 당시에는 유엔 회원국들이 군대를 파견해서 한반도의 평화유지를 지원했듯이, 21세기 한반도 평화체제를 위해서는 이제 군대가 아니라 유엔 전담 외교관을 파견해달라고 전 세계의 유엔 회원국들에게 호소해야 한다. 특히 남북한과 동시에 수교를 맺고 있는 157개국을 향해서는 한반도 DMZ가 더 이상 전쟁의 상흔으로 얼룩진 금단의 땅이 아니라 평화를 잉태하는 생명의 땅으로 거듭날 수 있도록 외교적 지지를 보내 달라고 더욱 적극적으로 요청할 필요가 있다.

유엔아시아사무국이라는 국제기구를 신설해서 유치하기 위해서는 국민적 관심과 함께 정부 당국의 의지와 외교적 노력이 중요하다. 1988년 올림픽 경기 유치나 2002년 월드컵 경기 유치 못지않게 국가적 차원의 노력과 자원이 집중되어야 가능한 일이기 때문이다. 올림픽과 월드컵은 경기가 끝나면 그 열기가 사그라들지만, 유엔아시아사무국은 일단 DMZ에 유치되면 반영구적으로 한반도에서 그 자리를 지킬 것이고, 한반도 평화체제가 제대로 구현되는지 남북한 평화통일이 어떻게 이루어지는지를 지켜보면서 동북아의 평화, 아시아의 평화, 세계의 평화를 이끌어낼 것이다.

남북한 공동외교는 유엔아시아사무국의 한반도 DMZ 유치를 위해 반드시 앞세워야 할 깃발이다. 평화를 건설하려는 남북한 당사자의 일치된 노력 없이는 국제사회의 외교적 지원을 호소할 명분이 없다. 남북한이 손잡고 함께 공동외교를 펼쳐야 하는 이유다. 가칭 '유엔아시아사무국 한반도 DMZ 유치를 위한 남북공동실행위원회'를 만들어서 전 세계를 돌면서 남북한 공동수교 157개국을 비롯한 유엔 회원국을 설득하면 어떨까? 이제는 군대가 아니라 외교관을 보내달라고. 세계 각국에서 파견하는 평화 전담 외교관들로 한반도 DMZ를 가득 채워 달라고. 한반도의 평화를 기필코 이루어내고 동북아 평화와 세계 평화의 실현에 헌신적으로 기여하겠다는 약속과 함께!

한반도 평화는 세계평화를 위한 공공재다

〜〜 한반도 평화체제는 남북한이 완전한 평화통일을 이루기까지 평화롭게 공존하려는 방안이다.

1950년에 발발했던 6·25 전쟁은 두 번 다시 겪어서는 안 될 민족상잔의 비극이다. 전쟁으로 얼룩진 남과 북은 서로에 대한 적대감으로 총부리를 겨눈 채 70여 년의 세월을 보내다가 이제는 핵미사일로 북한이 남한을 위협하는 지경에 이르렀다. 한국전쟁 때 한반도에서 군사적으로 충돌했던 미국과 중국은 21세기 세계패권의 향배를 놓고 다시 한판 대결을 겨루는 형국이다. 미·중패권경쟁은 한국·미국·일본의 삼각동맹 강화와 함께 북한·중국·러시아의 삼각연대를 촉진하면서 동북아지역에 신냉전체제를 만들어가고 있다. 남북한의 적대적 대치에 더해 미·중패권경쟁의 소용돌이에 직면해있는 한반도에서 평화체제를 논하는 것이 한가로운 탁상공론으로 들릴지도 모른다. 그러나 한반도 평화체제는 한반도의 완전한 평화통일에 도달하기 위해서는 반드시 건너야 할 징검다리다. 유엔과 함께 하는 한반도 평화체제는 핵무기의 위협과 강대국의 간섭이라는 거대한 물살을 견

며내는 튼튼한 돌다리가 되어줄 것이다.

평화는 공공재다. 인류 전체를 위한 공공재다. 남북한이 함께 잘 살기 위해서는 한반도에 평화가 뿌리를 내려야 하고, 아시아인들이 공동의 번영을 추구하기 위해서는 아시아에 평화의 시대가 도래해야 하고, 세계가 명실상부한 지구마을로 하나가 되기 위해서는 세계평화가 실현되어야 한다. 한반도에서 아시아에서 그리고 세계 곳곳에서 유엔이 평화의 창설자로, 평화의 수호자로 역할을 해달라고 요청하는 이유가 여기에 있다.

남북한이 함께 세계평화에 기여하는
공의(共義)의 길,
한반도의 완전한 평화통일

남북한이 함께 세계평화에 기여하는 공의(共義)의 길, 한반도의 완전한 평화통일

한반도 평화통일의 세 가지 의의

한반도 평화통일은 신라의 삼국통일처럼 한반도의 일부를 포기하는 통일이 아니라 남과 북의 영토를 온전히 지켜내는 완전한 통일이어야 한다. 한반도의 완전한 평화통일이야말로 한민족의 민족사 차원에서, 동북아시아의 평화번영공동체 차원에서 그리고 세계평화의 차원에서 반드시 실현해야 할 공공재로서 공의(共義)에 부합한다.

우선, 민족사 차원에서 볼 때 평화로운 과정과 방법을 통해 남과 북을 통일하는 것은 남북한 주민이 공유해야 할 최고의 비전이자 가치다. 한반도 평화통일은 1945년 38도선을 기준으로 남북이 나뉜 후 70여 년 동안 외쳐온 한민족의 염원일 뿐만 아니라 남북한 주민의 생존 자체가 달린 현실적인 문제이기도 하기 때문이다.

신라의 삼국통일 이후 일천 년이 넘도록 통일국가를 유지하던 한민족이 일제 식민지 시대를 거치면서 해방과 함께 남과 북으로 두 동강 난 것은 민족적 정체성을 훼손당한 것에 그치지 않는다. 강대국에 의해 강요된 분단은 한민족이 한반도 전역을 발판삼아 선진문명국가를 발전시킬 기회를 빼앗은 만행이었다. 따라서 한반도 평화통일은 민족 정체성의 회복과 더불어 한반도에서 남과 북이 통일된 선진문명국가를 완성하는 전환점이 됨으로써 한민족 전체의 생존과 번영을 담보하는 발판으로 작용할 것이다.

다음으로, 평화롭게 통일된 한반도는 동북아지역에서 평화번영공동체를 건설하는 데 필수적인 관문이다. 유럽의 평화번영공동체라 할 수 있는 유럽연합이 탄생할 수 있었던 배경에는 지리적 근접성에 더해 기독교 문화, 민주주의 정치체제, 시장경제질서의 공유가 자리잡고 있었다. 그런데 이러한 공통분모가 지역통합으로 귀결될 수 있었던 결정적인 계기는 동서독의 평화로운 통일이었다.

한국·중국·일본이 중심이 되는 동북아시아의 여건은 유럽의 그것과는 아주 다르다. 무엇보다 바다를 건너야 상호교류할 수 있는 지리적 단절성이 커다란 장애물이다. 한국·중국·일본이 공유해오던 유교문화는 이미 전근대적인 유물이 되었다. 공산주의와 민주주의로 갈라진 서로 다른 정치체제, 사회주의 시장경제와 자유주의 시장경제로 구분되는 경제체제의 차이 등 이질적인 요소들이 동북아 평화번영공동체의 형성을 가로막는 걸림돌로 작용하고 있다.

한반도 평화통일은 이러한 장애물들을 극복할 기회의 창이 될 수 있다. 한반도를 대륙세력과 해양세력이 충돌하는 지리정치적인 공간으로 취급하는 패권적 인식의 틀을 벗어나 한반도를 해양으로 나가는 물류와 대륙으로 들어오는 물류가 교차하는 지리경제적인 공간으로 활용하는 협력적 인식을 근간으로 삼는다면 한반도 평화통일은 동북아 역내국가들이 공동의 평화번영을 도모할 수 있는 전환점이 되기에 충분하기 때문이다.

마지막으로, 한반도의 완전한 평화통일은 세계평화의 초석을 다지는 길이다. '세계의 화약고', 6·25전쟁 이후 남북한이 적대적 긴장 관계를 지속해온 탓에 한반도에 붙여진 오명이다. 1953년 휴전 협정 이후 지금에 이르기까지 남북한 사이에 벌어진 크고 작은 무력충돌은 때때로 한반도를 전쟁 직전의 위기 상황으로 몰아넣기도 했다.

미국과 중국이 21세기의 세계패권을 다투고 있는

오늘날의 국제정세에 비추어볼 때, 만에 하나 한반도에서 전쟁이 다시 발발한다면 핵무기를 동원하는 세계대전으로 비화할 가능성이 매우 높다. 6·25 전쟁의 사례에서 보듯이 한반도에서의 전쟁은 미국과 중국을 비롯한 세계의 많은 나라들의 참전을 불가피하게 초래할 것이고 미·중과 북한은 핵무기사용의 유혹으로부터 자유로울 수 없기 때문이다. 이런 상황을 역발상으로 해석해보자면 한반도의 평화를 지키는 것은 곧 세계적인 핵전쟁의 불씨를 잠재우는 것이라는 뜻이다. 따라서 한반도의 완전한 평화통일은 세계평화를 위한 공공재와 다름없다고 할 수 있다.

한반도 분할론,
해방 후 38도선이 처음은 아니다

    현재 남북한을 가로막고 있는 군사분계선

(Military Demarcation Line)은 1945년 해방 당시에 그어진 북위 38도선이 6·25 전쟁을 거치면서 휴전선으로 굳어진 것이다. 그런데 한반도의 역사를 되짚어보면 주변 국가들이 한반도 분할을 노린 것은 해방 후 38도선이 처음이 아니었다는 것을 알 수 있다. 따라서 한반도 통일의 길을 준비하기 위해서는 먼저 한반도 분할론의 내용을 살펴보면서 한반도를 둘러싼 주변 열강의 세력관계가 어떻게 작용해왔는지를 검토해볼 필요가 있다.

한반도를 나누어 가지려는 최초의 시도는 16세기 임진왜란 당시 명(明)과 왜(倭)가 화평조약을 논의할 때였다. 도요토미 히데요시(豊臣秀吉)는 조선 8도 가운데 이북 4도를 조선 조정에 반환하는 대신 경기·경상·전라·충청 등 이남 4도를 왜(倭)에 할양할 것을 요구했고, 명나라 사신은 조선을 2~3개 지역으로 나누어 명(明)과 왜(倭)가 분할 점령하자는 역제안을 내놓았다. 이때 조선이 분할되는 것을 막은 것은 명나라 조정의 반대와 이순신 장군의 거듭된 승전보였다.

제국주의가 본격화되던 19세기말~20세기초에 이르러 한반도 분할론은 다시 수면 위로 떠 오른다. 1894년 청일전쟁이 발발하기 직전, 영국의 외상 킴벌리(Kimberley)가 한반도의 남쪽 지역은 일본의 영향권으로 북쪽 지역은 청의 영향권으로 해서 전쟁을 피하자는 중재안을 제시했다. 그러나 조선을 독차지하려는 야심을 가진 일본은 청과의 전쟁을 선택했고, 청일전쟁에서 승리한 일본은 한반도에서 청의 영향력을 배제할 수 있었다.

한반도를 노리는 세력은 청나라와 일본만이 아니었다. 부동항을 얻기 위해 남진정책을 추진하던 러시아 역시 한반도를 차지하고 싶어 했다. 명성황후시해사건 후 고종이 경복궁을 떠나 러시아공사관에서 친러내각을 유지하던 아관파천(1896년 2월 11일~1897년 2월 25일)은 대한제국에서 러시아의 위상을 확인시켜준 사건이었다. 아관파천에 당황한 일본은 1896년 5월 북위 38도선을 중심으로 북쪽은 러시아의 영향권으로, 남쪽은 일본의 영향권으로 나누자는 한반도 분할을 제안했으나 러시아가 이를 거부했다. 38도선이 한반도 분할선으로 제시된 최초의 사례였으나 대한제국 정부는 러·일 간의 한반도 분할 논의를 까맣게 모르고 있었다.

한편, 1897년 2월 고종이 경운궁(현재의 덕수궁)으로 환궁한 후 러시아의 영향력은 점점 약해지기 시작했다. 일본과의 경쟁에서 불리한 처지를 인식한 러시아는 1898년 과거 일본이 제안했던 한반도 분할 방안을 역제안했지만, 이번에는 일본이 이를 거부했다. 러시아와 일본 사이의 줄다리기는 여기서 그치지 않았다. 러일전쟁 직전인 1903년에는 러시아가 북위 39도선을 경계로 그 이남 지역에서는 일본의 '특별한 이익'을 보장하되 그 이북은 러·일 어느 나라도 군대를 보내지 않는 중립지역으로 남겨두자는 협상안을 제시하기도 했다. 이에 대해 일본은 한만(韓

滿) 국경을 경계로 해서 각각 50㎞의 중립지대를 설치하자는 수정안으로 맞섰으나 러시아가 이를 거부하자 이듬해 러일전쟁에서 일본은 러시아를 무력으로 굴복시켰다.

청일전쟁과 러일전쟁은 한반도에서 지배권을 행사하고자 했던 주변 강대국들 사이에 벌어진 전쟁이었고 최종 승자는 일본이었다. 청나라를 꺾고 러시아를 꺾은 일본은 마지막으로 미국과의 타협을 매듭지으면서 한반도를 독차지하기에 이른다. 필리핀에 대한 미국의 독점적 지배권과 한반도에 대한 일본의 독점적 지배권을 상호 양해한 카쓰라-태프트 조약(1905년)은 일본이 대한제국에 을사늑약(1905년)을 강요하고 한일합방(1910년)을 강제할 수 있었던 최종적인 승인문서가 되었다. 한반도를 둘러싼 주변 열강들의 각축전은 일본 제국주의의 승리로 귀결되었고, 스스로 주권을 지킬만한 힘을 키우지 못한 탓에 열강의 분할론에 시달리던 한반도는 결국 일본의 손아귀에 완전히 장악되는 식민지로 전락하고 말았다.

1945년 8월, 식민지배를 겪고 맞이한 해방조차 완전한 독립은 아니었다. 주변 열강 사이에서 여러 차례 거론되던 한반도 분할이 현실이 되었기 때문이다. 제2차 세계대전이 막바지에 이르자 연합국 정상들은 전후 실서에 대해 논의하기 위해 여러 차례 회담을 가진 바 있다. 미국·영국·소련 정상이 모였던 얄타회담(1945년 2월)과 포츠담회담(1945년 7~8월) 등이 대표적이다. 이 가운데 남북한 분단의 단초를 만든 것은 포츠담회담이었다.

포츠담회담에서 미국 대통령 트루먼을 수행한 미국 군사대표단과 소련 공산당 서기장 스탈린을 수행한 소련 군사대표단은 한반도에 대한 공동점령계획을 논의했는데, 대체로 한반도의 북쪽은 소련군이 점령하고 남쪽은 미군이 점령한다는 데 원칙적인 합의가 이루어진 것으로 알려져 있다. 그 후 일본의 항복이 임박했음을 확인한 미국은 38도선을 경계로 분할점령하는 안을 마련했고 미국과 소련의 양국 정상은 38도선 분할안에 동의했다. 1945년 8월 17일 맥아더 장군이 지시한 일반명령 제1호는 38도선 이북은 소련군이 38도선 이남은 미군이 각각 일본군의 항복을 접수하도록 조치함으로써 한반도 분단이 시작되었다.

지금까지 살펴본 한반도 분할론의 역사는 주변 열강들의 세력다툼이 한반도 분할의 배경이 되었고 전쟁에서 승리한 쪽이 한반도를 전부 또는 일부 차지했다는 것을 보여준다. 결국 한반도에서 한민족이 주권을 온전히 행사할 수 있는 유일한 길은 한반도의 완전한 평화통일을 이루고 그것을 굳건하게 지켜내는 선진문명국가의 완성에 있다는 것을 확인할 수 있다.

통일은 대박이다? 통일은 생존이다!

    ∾   '통일은 대박이다.' 박근혜 전 대통령이 2014년 신년 기자회견에서 통일의 필요성을 역설하면서 한 말이다. 통일이 가져다줄 경제적 도약의 기회가 통일비용보다 훨씬 크다는 점을 강조한 것이다. 남북한이 통일되면 자신의 전 재산을 한반도에 투자할 용의가 있다고 밝힌 세계적 투자전문가 짐 로저스 회장의 발언도 영향을 미쳤다고 한다.

  통일로 인해 얻게 될 경제적 효과는 아주 크다. 인구 5천만명의 남한경제와 인구 2천5백만명의 북한경제가 하나로 통합되는 시너지 효과는 인구 약 8천만명에 이르는 대규모 시장경제의 실현과 함께 생산가능인구의 증가를 통한 사회적 생산력의 증대, 남북한 분업구조의 창출을 활용하는 경제체질의 혁신 등 다양한 측면에서 긍정적인 결과를 기대할 수 있다. 이처럼 통일의 경제적 효과에 주목해보자면 통일은 대박임이 틀림없다. 그런데 한반도 통일의 필요성이 경제적 대박 효과로부터 비롯되는 것은 아니다. 통일에 더욱 절박하게 매달려야 하는 이유는 한반도 통일에 한민족의 생존 자체가 달려 있기 때문이다.

통일이 필요한 보다 근본적인 이유는 현재처럼 남한과 북한이 분단된 상태에서 각자의 정치체제와 경제체제를 유지하는 것이 지속가능하지 않다는 데 있다. 과거 냉전 시기에는 남북한이 각각 자유주의 진영과 사회주의 진영에 소속되어 동맹국들의 경제적·군사적 지원을 등에 업고 생존을 도모할 수 있었다. 그러나 냉전 종식 이후 급격하게 달라진 국제정세와 남북한의 내부 상황은 분단 상태에서의 각자도생을 심각하게 위협하는 지경이다.

북한의 상황을 먼저 살펴보자. 탈냉전은 북한에 안보와 경제를 지원하던 소련과 중국이 뒷걸음질 치도록 만들었다. 북한 주민이 굶주리는 고난의 행군을 겪으면서도 군사적 안보를 위해 북한이 선택한 길은 핵무기개발이었고 그 대가로 북한은 여전히 미국과 유엔이 주도하는 경제봉쇄라는 비용을 치르고 있다.

냉전 종식 이후 전 세계가 하나의 시장경제로 묶여서 활발하게 교역하고, 심지어 사회주의 정치체제를 유지하는 중국조차도 시장경제를 활용해서 경제성장을 구가하는 마당에 북한만 고립된 경제를 지속할 수는 없는 노릇이다. 경제봉쇄가 초래한 북한의 경제난은 북한 주민들의 생존을 위협할 정도에 이르렀는데, 여기에서 비롯되는 불만은 집권 엘리트를 향해 표출될 수밖에 없다. 이는 북한 정치체제의 지속가능성을 위협하는 현실적인 불안요인이라고 할 수 있다.

한편, 남한의 사정은 낙관적일까? 남북한 체제대결에서 남한이 우위를 점할 수 있었던 배경에는 미국이 제공하는 안보우산과 함께 '한강의 기적'이라고 일컫는 고도의 경제성장이 있었다. 경제력의 우위는 재래식 전력의 현대화를 통해 대북 군사력 경쟁에서도 우위를 차지할 수 있는 동력이 되었다.

그러나 2020년대 한국경제는 저성장·저출산의 늪에 빠져서 과거의 영광을 재현하기 어려운 상황이다. 연간 경제성장률이 2퍼센트 내외에 그치는 데다 출산율은 1.0 미만에서 고착화되고 있다. 머지않아 급격한 인구 감소가 나타나는 인구절벽이 예정되어 있는데, 이는 경제활동인구의 현저한 감소 및 경제성장의 심각한 둔화로 이어질 것이다. 남한 경제도 지속가능한 성장을 장담할 수 없는 형편에 처해 있다는 뜻이다.

북한은 정치체제의 지속가능성 면에서 남한은 경제성장의 지속가능성 면에서 한계 상황에 다가서고 있는데, 한반도 주변의 국제정세는 더욱 엄중한 양상으로 우리의 생존을 위협하고 있다. 예를 들어, 중국의 동북공정은 한민족과 한반도의 역사를 중국 역사의 일부로 편입시켜서 한민족과 한반도의 독자성을 지우려는 계획된 도발이다. 지금 당장은 중국의 동북공정이 터무니없는 짓이라고 비판받을 수 있겠지만 남북한이 분단된 상태에서 100년이 지나고 200년이 지나도록 동북공정이 진행된다면 그 결과를 누가 장담할 수 있을까?

　보통국가론을 내세운 일본의 군비팽창 역시 남북한 모두의 안보를 위협하는 요소다. 전쟁범죄에 대한 공식적인 사과와 적절한 피해보상을 거부하는 일본의 태도는 일본의 재무장이 동북아지역의 집단안보에 기여하기보다는 동북아지역의 안정을 해칠 것이라는 우려를 낳고 있다. 동북아지역의 안보불안은 늘 한반도에 대한 안보위협으로 이어졌다는 것을 역사가 증명하고 있음을 잊어서는 안 된다.

　여기에 더해 미국과 중국 사이에 벌어지고 있는 패권경쟁은 동북아지역에서 신냉전체제를 형성하는 방향으로 작용하고 있다. 미국의 아시아–태평양 전략은 한국·미국·일본 삼국이 연합하는 삼각동맹의 강화를 추구하고 있으며, 이에 대응하는 중국은 러시아·북한과의 연대를 꾀하는 양상이다. 한·미·일과 북·중·러가 양 진영으로 나뉘어 대치하는 형국은 동북아지역에서의 군사적 긴장을 고조시키고 결국 한반도에서도 일촉즉발의 위기 상황을 만들어내는 배경이 될 것이다.

남북한의 내부사정과 한반도 주변정세 모두 남북한이 분단상태에서 각자도생하는 것을 어렵게 만드는 상황에서 남북한이 함께 살아남을 수 있는 유일한 길은 통일국가를 이루어 안팎에서 닥쳐오는 도전을 극복하는 것뿐이다. '통일은 생존이다!'라고 힘주어 말하는 이유다.

한반도 통일전략, 북방외교와 햇볕정책

～ 1945년 북위 38도선을 경계로 남북한이 나뉜 후 분단상태를 해소하고 통일국가를 이룬다는 명분으로 시도된 나쁜 선례가 있다. 1950년 한국전

쟁이다. 그러나 6·25 전쟁은 북한이 무력으로 한반도 통일을 달성하려고 도모했던 탓에 수많은 사상자를 낳았고, 한민족과 한반도에 씻을 수 없는 상처를 남긴 채 DMZ라는 새로운 경계선을 만드는 것으로 끝났다.

한반도에 사회주의 통일국가를 건설하려던 북한의 무력 시도가 좌절된 후 남북한은 상대방보다 정치적·경제적·외교적 우위를 차지하기 위한 체제경쟁을 진행하면서 분단이라는 현상을 유지하는 시기를 보냈다. 6·25 전쟁 후 60년 가까이 지속되던 남북한의 현상유지정책에 변화의 바람을 가져온 것은 1980년대 후반부터 진행된 냉전체제의 해체였다.

냉전 종식을 배경으로 남북한 분단을 극복하고 통일로 가는 물꼬를 트려는 시도는 노태우 정부의 북방외교로부터 시작되었다. 노태우 정부의 북방외교는 전통적인 북한의 사회주의 우방국들과 수교를 맺음으로써 북한을 외교적으로 압박하고, 궁극적으로는 북한이 남한을 향해 화해협력의 손길을 내밀도록 유도하기 위한 일종의 포위전략이었다. 1988년 2월 26일 발표한 7·7선언은 남북한 교류를 제안함과 동시에 소련 및 중국과의 관계 개선을 천명하는 내용이었다. 노태우 정부는 1989년 동유럽 공산권 국가인 헝가리와 수교한 것을 필두로 유고슬라비아, 폴란드 등에 무역사무소를 설치했으며, 1990년에는 소련과 그리고 1992년에는 중국과 정식으로 수교했다.

남한이 과거에 적대시했던 사회주의 국가와 외교관계를 맺으면서 탈냉전의 새로운 국제질서에 편승했던 반면에, 북한은 미국과도 그리고 일본과도 관계 개선에 나서지 못한 채 외교적 고립을 자초했다. 게다가 동유럽 사회주의 국가들이 무너지고 소련의 사회주의 체제가 해체되자 북한이 의존하던 정치적·경제적·외교적 지원마저 끊어졌고, 이는 북한체제가 조만간 내부로부터 와해될 것이라는 북한붕괴론의 배경이 되었다. 북한붕괴론은 흡수통일론으로 이어졌다. 1989년 11월 베를린 장벽이 무너지고 1990년 동독이 서독의 정치·경제체제에 통합되는 방식으로 동서독통일이 이루어졌던 사례에 비추어, 북한체제가 붕괴할 경우 남북한통일 역시 북한을 남한의 정치·경제체제에 통합시키는 방식으로 이루어져야 한다는 흡수통일론이 크게 주목받았던 것이다.

노태우 정부의 북방외교가 북한포위전략이었다면 김대중 정부의 햇볕정책은 북한을 적극적으로 끌어안는 북한포용전략이었는데 어찌보면 북한붕괴론의 업그레이드 버전이라고도 할 수 있다. 북한이 문호를 개방하도록 유도하기 위해서는 대북강경정책보다 대북유화정책이 더 효과적이라는 정책적 판단이 그 배경이었다.

김대중 정부가 채택한 대북유화정책은 남북한 경제협력 활성화조치로 구체화되었는데, 1998년 11월에 출범한 금강산 관광유람선 사업이 대표적인 사례다. 김대중 정부의 대북유화정책을 물려받은 노무현 정부는 김대중 정부 시기에 북한과 합의했던 개성 공단사업을 2003년 6월부터 진행시켰다. 그러나 금강산 관광객 피격사건으로 금강산 관광이 중단되고 (2008년 7월, 이명박 정부), 북한의 4차 핵실험으로 개성공단이 폐쇄되면서(2016년 2월, 박근혜 정부) 햇볕정책은 그 명맥을 이어가지 못했다. 문재인 정부가 추진했던 한반도 평화프로세스 역시 햇볕정책의 정신을 계승한 것이었으나 북미 핵협상의 실패 이후 동력을 잃은 채 별다른 성과없이 현재에 이르렀다.

노태우 정부의 북방외교와 김대중 정부의 햇볕정책은 비록 방법론상 차이가 있지만, 분단체제를 종식시키고 통일의 길로 들어서기 위해 구체적이고 실질적인 정책을 대담하게 시도했다는 점에서 주목할 가치가 충분하다. 그러나 냉전체제의 해체 이후 30여 년이 흐른 지금까지 북한은 붕괴하지 않았고, 남한이 북한을 흡수하는 통일도 이루어지지 않았다. 북한을 포위하는 전략도 북한을 끌어안는 전략도 아직 통일의 물꼬를 트기에는 역부족이라는 것을 보여주는 현실은 통일을 위한 우리의 준비가 훨씬 더 치열하고 치밀해야 함을 일깨워준다.

한반도 통일의 기본원칙, 완전하고 평화로운 통일만이 진정한 통일이다

～～ 한반도 통일은 무엇보다 영토의 온전성을 담보하는 완전한 통일이어야 한다. 한반도에서 한민족(韓民族)이라는 정체성을 확립하는 데 결정적인 계기가 되었던 사건은 신라의 삼국통일이었다. 그러나 삼국통일로 이루어낸 영토가 한반도의 일부 지역에 국한되었다는 사실은 유감스러운 일이었다. 신라를 지원하기 위해 군대를 파병했던 당나라가 한반도의 북쪽 지역을 차지한 탓에 통일신라의 영토는 고구려·백제·신라의 옛 영토를 모두 아우르지 못했다. 당

(唐)이라는 외세의 무력을 동원한 정복전쟁의 방식으로 이루어진 통일이었기 때문에 영토손실이라는 대가를 치러야 했던 탓이다. 삼국통일을 고구려가 주도했더라면 한민족의 영역이 한반도에 국한되지 않고 중국대륙의 동쪽까지 미쳤을 것이라며 신라에 의한 삼국통일을 반쪽통일이라고 폄훼하는 시각도 있으나 통일신라시대에 이르러 비로소 한민족으로서의 정체성을 갖추기 시작했다는 점은 부인할 수 없는 역사적 사실이다.

16세기에 그리고 19세기와 20세기에 한반도 분할을 시도했던 열강들은 21세기 오늘날에도 여전히 한반도에 강력한 영향력을 행사하고 있으며, 이들 중 일부 국가는 한반도의 일부라도 자신의 영토로 삼으려는 야욕을 숨기지 않는다. 대한민국 정부가 행정권을 행사하고 있는 독도를 자신의 영토라고 주장하는 일본이 대표적인 사례다. 한반도를 침탈했던 일본의 과거 행적에 비추어볼 때 기회만 있으면 독도 플러스 알파도 마다할 일본이 아니다.

중국은 또 어떤가? 개혁개방정책에 힘입어 급성장한 경제력을 배경으로 대외팽창정책을 적극적으로 추구하고 있는 것이 21세기 중국의 모습이다. 한반도·한민족의 역사를 중국 역사의 일부라고 왜곡해서 편입시키려는 중국의 동북공정은 역사공정에 더해 문화공정으로 이어지고 있다. 한복을 중국 복식이라고 주장하고 한글이 한자어를 표기하기 위해 만들어진 글자라고 주장하는 지경이다. 중국의 역사공정, 문화공정이 한반도의 북부 지역을 노리는 영토공정으로 이어지지 않을 것이라고 누가 장담할 수 있는가?

한반도를 노리는 일본과 중국의 야심은 한반도 정세가 극도로 불안정할 때 가장 노골적으로 드러날 것이다. 만약 통일의 기회가 냉전체제의 해체와 같은 국제정치구조의 변동과 함께 찾아온다면 주변 강대국들은 한반도의 통일을 용인하는 대가로 무엇인가를 내놓으라고 요구할 가능성이 크다. 그들이 원하는 대가가 한반도 영토의 일부라면 어찌할 것인가? 영토손실이라는 비용을 내지 않는 완전한 통일을 이루기 위해서는 통일의 시기에 한반도 정세가 혼란에 빠지지 않도록 각별한 주의를 기울여야 한다.

따라서 한반도 통일은 무력을 사용하지 않는 평화적인 방식으로 이루어지는 통일이어야 한다. 무력을 동원하는 강제적인 통일은 주변국가들의 무력간섭까지 불러일으킨다는 게 역사가 우리에게 주는 교훈이다. 신라가 삼국을 통일할 때 당나라 군대가 한반도에 파견되었던 일이나 북한이 무력으로 통일을 시도했던 6·25 전쟁 당시 중국 군대가 유엔연합군과 한반도에서 충돌했던 일 등은 모두 주변국의 무력간섭에 해당하는 사례들이다.

1990년 동서독통일은 제2차 세계대전 후 동서 양진영으로 분단되었던 국가가 평화적인 방식으로 통일을 이룬 역사적인 사건이었다. 독일과 마찬가지로

냉전시대에 남북으로 분단된 한반도가 동서독통일을 평화통일의 모델로 삼는 이유다. 동서독이 통일되는 과정에서는 무력이 개입하지 않았기 때문에 통일로 인한 국력의 손실이 크게 발생하지 않았다. 평화롭게 통일된 독일은 오히려 유럽연합의 중심국가로 자리매김하면서 그 위상이 더욱 공고해졌다. 한반도 역시 평화로운 과정과 방식을 통해 통일을 이루어낼 때 통일한국이라는 한층 업그레이드된 국력을 토대로 동북아지역의 평화번영공동체에 핵심적으로 기여하는 역할을 수행할 수 있으며 더 나아가 세계평화를 선도하는 국가로 우뚝 설 수 있다.

한반도의 완전한 평화통일, 무엇을 어떻게 준비해야 할까?

～～ 1945년 동서로 분단되었던 독일이 1990

년 평화적인 방식으로 통일을 이룬 과정은 한반도의 평화통일에도 많은 것을 시사한다. 동서독이 평화적으로 통일을 달성할 수 있었던 배경 가운데 특히 두 가지 요인에 주목할 필요가 있다. 그 하나는 독일인들의 통일의지였고, 다른 하나는 국제정세의 혁명적인 변동이었다.

1989년 베를린 장벽의 붕괴는 30년 가까이 독일 분단을 강제하던 콘크리트 덩어리가 '우리는 하나의 민족이다!'(Wir Sind Ein Volk!)를 부르짖는 동서독 시민들에 의해 허물어지면서 통일독일의 신호탄을 쏘아올린 사건이었다. 이는 1960년대부터 꾸준히 지속되어온 동서독 간의 인적·경제적 교류가 동서독 시민들의 통일의지를 고양시킨 결과였다. 빌리 브란트가 내세운 '작은 발걸음 정책'이 1963년 동서 베를린 통행 협정의 체결로 이어졌고, 1972년에는 동서독 유엔동시가입과 이산가족상봉, 동서독인들의 상호방문 등의 결실을 보았다. 베를린 장벽이 무너질 때까지 꾸준히 확대되어온 동서독 교류협력이 통일 의지 고양의 밑거름으로 작용한 것이다.

동서독 평화통일을 가능하게 했던 또 하나의 배경으로 국제정세의 혁명적 변동 역시 빼놓을 수 없다. 유럽의 긴장 완화와 유럽연합 구상은 동서독통일을 앞당긴 핵심 변수였다. 1985년에 등장한 소련 공산당 서기장 미하일 고르바초프는 소련의 정치체제 개선과 경제성장을 위해 '개혁'과 '개방'을 내세우며 서방세계와의 교류협력에 많은 공을 들였다. 고르바초프의 개혁개방정책에 힘입은 유럽의 긴장 완화는 동독 시민들의 민주화 요구가 소련 군대와 동독 군대의 무력에 의해 봉쇄되지 않고 통일의 길로 이어질 수 있는 정치적 환경을 제공했다. 게다가 제2차 세계대전 이후 유럽 석탄·철강공동체의 형성으로부터 시작된 유럽의 경제적·정치적 통합을 위한 '유럽연합' 구상이 실현되기 위해서는 당시 유럽에서 가장 큰 경제력을 가진 서독의 역할이 절실했다. 당시 서독 수상이던 헬무트 콜은 통일독일이 유럽연합의 중심국가로서 역할하겠다는 약속을 통해 동서독통일을 견제하던 영국과 프랑스의 동의를 얻어낼 수 있었다.

동서독 평화통일의 배경을 되짚으면서 우리가 생각해야 할 문제는 통일의지를 어떻게 고양할 것이며, 한반도 주변의 국제정세를 평화통일에 유리한 방향으로 이끌 방안은 무엇인가 하는 점이다. 통일의지의 고양은 남북한 주민 어느 한쪽만의 문제가 아니다. 동서독주민들이 '우리는 하나의 민족이다!'를 함께 외치며 동서독통일을 달성했던 것처럼 남북한 주민이 한마음 한뜻으로 '우리의 소원은 통일!'을 부르짖을 만큼 고양된 통일의지가 필요하다.

남북한 주민 모두가 통일한국을 희구하도록 고무하기 위해서는 무엇보다 통일한국의 비전이 매력적이어야 한다. 남한 주민에게는 통일한국을 통해 달성할 수 있는 경제적 번영과 안보불안의 해소가 통일에 소요되는 사회적 비용이나 분단된 상태에서 치러야

하는 안보비용에 비해 그 가치가 훨씬 더 크다는 점이 분명하게 설득되어야 한다. 그리고 북한 주민들로부터는 통일한국에서 정치적 자유뿐만 아니라 경제적 과실도 함께 누릴 수 있다는 신뢰를 얻어야 한다. 지속적인 남북교류를 통해 한반도 평화경제의 구체적인 실현을 도모해야 할 이유가 여기에 있다. 무엇보다 한반도의 통일 없이는 한민족의 생존도 없다는 절실함을 남북한 주민 모두가 깨달아야 한다.

한편, 냉전의 해체와 같은 갑작스러운 국제정세의 변동은 우리가 의도적으로 만들어낼 수도 없고 사전에 예측하기도 어려운 요소다. 그렇지만 한반도의 평화통일을 위해 주변정세를 유리하게 조성하기 위한 노력을 게을리할 수는 없는 노릇이다. 한반도 평화경제와 한반도 평화체제는 주변정세를 우호적으로 만드는 데 이바지할 수 있는 디딤돌이다. 한반도를 해양물류와 대륙물류가 교차하는 동북아 물류경제의 허브로 자리매김함으로써 한반도 평화경제의 토대를 구축한다면, 통일독일이 경제력으로 유럽연합에 기여하는 조건으로 주변 강대국들로부터 승인받은 것처럼 물류허브 한반도가 동북아 평화번영공동체의 출범에 경제적으로 기여하는 조건으로 통일한국을 수용하도록 설득할 수 있는 기본적인 토대를 만들어낼 수 있다. 여기에 더해 DMZ에 유엔아시아사무국을 유치함으로써 한반도 평화체제의 현실성을 담보하게 된다면 한반도의 완전한 평화통일로 가는 길은 우리에게 그 노정을 보여줄 것이다.

맺음말

걸어온 길

가지 않은 길

제 5 장

맺음말

걸어온 길

외세의 침탈, 해방과 분단, 전쟁과 휴전 그리고 냉전과 탈냉전, 이 모든 것들은 한반도와 한민족이 겪어온 역사를 마치 당연한 숙명이었던 것처럼 포장하고 있다. 물론 지나간 일들이니 어쩔 수 없었다고 위안 삼을 수도 있겠다. 하지만 기억하지 않는 역사는 반복된다고 했다. 외세로 인한 고통과 분단에서 비롯된 전쟁, 강대국의 위세에 짓눌린 한반도의 근현대사를 기억하고 그 질곡을 헤쳐나갈 지혜를 우리 스스로 구하지 못한다면 한민족의 운명은 '숙명'이라는 굴레에 갇히고 말 것이다.

안타깝게도 한반도를 둘러싼 열강의 각축은 끊이지 않고 반복되는 양상이다. 유럽을 분단했던 20세기의 냉전은 진작에 막을 내렸지만 21세기의 동북아시아는 미·중 패권경쟁을 기본 축으로 하는 신냉전의 서막을 눈앞에서 목격하고 있다. 분단으로 말미암아 통일된 선진문명국가를 건설할 기회를 잃어버린 남북한이 미·중 간 줄다리기에 휘말려 또다시 국제정치체제의 희생양이 되는 선택을 해서는 안 될 일이다.

남북한 사이의 갈등과 분쟁 역시 과거를 답습하고 있다. 남북화해협력은 반딧불처럼 잠깐 반짝이다가 이내 사그라들고 더 큰 후폭풍을 불러오기를 반복했다. 햇볕정책이 제대로 된 성과를 내지 못한 채 북한의 핵무장에 길을 내어준 것이나 한반도평화프로세스가 새 물길을 여는 데 실패하고 북한의 핵선제타격 위협에 대한민국이 노출된 것은 남북체제대결의 비극적인 결말을 예고하고 있다. 이제 지나온 길이 인도하는 곳으로 발걸음을 계속해서는 한반도와 한민족의 미래를 장담할 수 없다는 게 너무나 자명하다. 통일된 선진문명국가로 우뚝 서기 위해서는 보다 창의적인 해법을 모색해야 할 과제가 우리 앞에 놓여 있다.

가지 않은 길

〜 '가지 않은 길', 숲속 두 갈래 길에서, 몸이 하나이기에 두 길을 가지 못하고, 훗날을 위해 한쪽 길은 남겨놓았으나, 그 길로 다시 되돌아올 수 없음을 탄식한 로버트 프로스트(Robert Frost)의 영시(英詩)다. 한반도 평화경제와 한반도 평화체제를 양

날개 삼아 한반도의 완전한 평화통일이라는 창공을 향해 비상하는 것은 우리가 꿈꾸면서도 여태 가보지 못한 길이다.

한반도의 평화와 통일을 위해 우리에게 주어진 기회와 시간은 결코 많이 남아 있지 않다. 어쩌면 지금 이 순간까지 전쟁의 참화를 다시 겪지 않고 남북한이 각자 생존을 유지해온 것 자체가 천우신조의 행운일지도 모른다. 기회의 창은 점점 닫히고 있고 시간은 쏜살같이 흘러서 더 이상 기다려주지 않을 태세다. 한반도 평화는 지금 바로 우리가 걸어야 할 길이고, 한반도의 완전한 통일은 언제라도 발걸음을 옮겨야 할 아직 가지 않은 길이다. 남북한이 함께 잘 사는 한반도 평화경제의 길, 남북한이 함께 평화를 꽃피우는 한반도 평화체제의 길, 남북한이 함께 세계평화에 기여하는 한반도의 완전한 평화통일의 길로 모두가 함께 나서야 할 때다.

| 참고문헌 |

단행본

- 갈퉁, 요한(Johan Galtung) 저, 강종일·정대화·임성호·김승재·이재봉 역. 2000, 『평화적 수단에 의한 평화』(서울: 들녘).
- 김근식. 2022, 『김근식의 대북정책 바로잡기』(서울: 책밭).
- 김병로·서보혁. 2021, 『문서로 보는 한반도평화 프로세스: 40선 해제』(서울: 선인).
- 바이덴펠트, 베르너(Werner Weidenfeld)·코르테 칼-루돌프(Karl-Rudolf Korte) 저, 임종현·신현기·백경학·배정한·최필준 역. 1998, 『독일통일백서』(서울: 한겨레신문사).
- 서보혁 외. 2019, 『한반도 평화체제 관련 쟁점과 이행방안』(서울: 통일연구원).
- 서보혁 외. 2020, 『평화경제의 비전과 추진방향 :남북 육상. 해양협력을 중심으로』(서울: 통일연구원).
- 성대석. 2014, 『아시아의 심장 한반도 UN 본부』(서울: 한국언론인협회).
- 왕선택 편저. 2013, 『북핵위기 20년 또는 60년』(서울: 선인).
- 이완범. 2013, 『한반도 분할의 역사: 임진왜란에서 6.25 전쟁까지』(성남: 한국학중앙연구원).
- 이용준. 2010, 『게임의 종말: 북핵 협상 20년의 허상과 진실, 그리고 그 이후』(서울: 한울).
- 이재승 외. 2015, 『지역협력의 조건: 초기 유럽통합의 재고찰과 동북아

시아에의 함의』(세종: 대외경제정책연구원)

- 임갑수·문덕호. 2013, 『유엔 안보리 제재의 국제정치학』(파주: 한울).
- 장붕익 외. 2013, 『유럽연합: 연속성과 정체성』(서울: 한국외국어대학교출판부).
- 조성렬. 2007, 『한반도 평화 체제: 한반도 비핵화와 북한 체제의 전망』(파주: 푸른나무).
- 칸트, 임마누엘(Kant Immanuel) 저, 이한구 역. 2008, 『영구평화론』(파주: 서광사).
- 한일터널연구회. 2021, 『유라시아 신시대를 위한 한일터널』(서울: 해바라기미디어).

논문

- 구본학. 2015, '북한 핵문제 전개과정과 해결방안,' 통일정책연구, 24(2), 1-31.
- 김근식. 2002, '김대중 정부의 햇볕정책 : 회고와 전망,' 한국과 국제정치, 18(2), 95-119.
- 김연철. 2006, '한반도 평화경제론: 평화와 경제협력의 선순환,' 북한연구학회보, 10(1), 51-73.
- 김영재. 2006, '노무현 정부 평화번영정책의 분석,' 국제정치연구, 9(1), 77-101.
- 김용민·정성은. 2020, '아시아 패러독스(Asia Paradox)를 넘어선 동북아 평화체제의 가능성: 일본의 역내역할과 한·일 협력 방향성 모색,'

유라시아연구, 17(2), 57, 177-194.

• 김우준·김예경. 2004, '중국의 대내외 전략과 동북공정,' 세계지역연구 논총, 22(2), 191-214.

• 김재천. 2016, '4차 북한 핵실험과 전략적 인내의 종언: 미국의 대북정 책 변화 분석,' 통일정책연구, 25(1), 1-23.

• 나혜심. 2005, '독일 근대사회 형성기의 중앙과 지방: 19세기 라인-베 스트팔렌 지방 기업가들과 프로이센 정부의 갈등을 중심으로,' 서양사 론, 87, 101-132.

• 노병렬. 2017, '한국 핵무장론의 안보정책화 가능성,' 평화학연구, 18(4), 173-199.

• 류재영. 2002, '작은 어촌 마을에서 세계적인 물류도시로의 도약: 로테 르담,' Planing and policy(252), 70 - 76.

• 박건영. 2011, '핵무기와 국제정치: 역사, 이론, 정책, 그리고 미래,' 한 국과 국제정치, 27(1), 1-45.

• 신성호. 2020, '21세기 미중 패권 경쟁과 한국 안보 연구의 과제와 역 할,' 국제.지역연구, 29(3), 29-54.

• 신장철. 2008, 'EU형성과 유로터널 건설 사례를 통한 동북아공동체의 논의방향 – 미래지향적인 한 ? 일 해저터널 건설 논의를 위한 시론(試 論) –,' 일본연구, 0(35), 67-88.

• 안경모. 2021, '2018년 한반도 평화프로세스에 대한 구조적 분석: '제 재의 정치'와 북한의 미래,' 한국과 국제정치, 37(4), 107-142.

• 윤지원. 2020, '동아시아철도 공동체 구상과 과제: 한반도종단철도 와 시베리아횡단철도 연결을 중심으로,' Journal of North Korea Studies, 6(2), 49-67.

- 이성우. 2001, '유럽 물류중심 로테르담의 성장배경과 요인에 관한 연구,' 월간 해양수산(197), 30-43.
- 이수석. 2015, '한반도 신뢰프로세스의 목표와 성과, 발전 방안에 관한 연구,' 북한학보, 40(2), 5-31.
- 이신욱. 2014, '노태우정부의 북방정책과 대외전략 : 네트워크 이론과 소프트파워의 이론적 적용,' 평화학연구, 15(4), 145-163.
- 정용길. 2002, '유럽연합(EU)의 성립과 발전,' 한독사회과학논총, 12(2), 1-19.
- 정진상. 2006, '통일전 동·서독간 경제교류에 관한 연구,' 한·독사회과학논총, 16(1), 1-28.
- 황지환. 2012, '핵포기 모델의 재검토: 남아프리카공화국, 우크라이나, 리비아 사례를 통해 본 북핵 포기의 가능성과 한계,' 세계지역연구논총, 30(3), 225-251.

기타 자료

- "38도선은 우리 역사 최초 분할선 아니다" 김학준이 다시 쓴 한반도 분단 원인① (『신동아』 2020-07-30)
  https://shindonga.donga.com/3/all/13/2135049/1

- "한반도 분할은 얄타회담에서 밀약되지 않았다" 김학준이 다시 쓴 한반도 분단 원인② (『신동아』 2020-07-31)
  https://shindonga.donga.com/3/all/13/2136007/1

• "일제의 늑장 항복이 한반도 분할 가져왔다" 김학준이 다시 쓴 한반도 분단 원인③(『신동아』 2020-08-01)

  https://shindonga.donga.com/3/all/13/2137168/1

• [유엔 제5사무국 한반도 유치 추진] "통일 기반 조성·긴장 완화 기여… 유엔도 신뢰 높아질 것" (『세계일보』 2014-10-19)

  http://www.segye.com/newsView/20141019002318

• [통일논단] "유엔 제5사무국 유치, 남북한이 함께 해야" (『세계일보』 2014-11-13)

  http://www.segye.com/newsView/20141113003964

• 제4차 6자회담 공동성명 (2005.9.19, 베이징)

  https://www.mofa.go.kr/www/brd/m_3973/view.do?seq=293917

• 통계청 북한통계포털, 북한의 주요통계지표

  https://kosis.kr/bukhan/nsoPblictn/selectNkStatsIdct.do?menuId=M_03

• 유럽연합 설립의 아버지 : 장 모네 / 로베르 쉬망 (주벨기에대사관 2020-05-18)

  https://overseas.mofa.go.kr/be-ko/brd/m_22372/view.do?seq=5

- Schuman declaration May 1950 (European Union)
  https://european-union.europa.eu/principles-countries-history/history-eu/1945-59/schuman-declaration-may-1950_en

- Report of the Secretary-General Boutros Boutros-Ghali. 1992, "An Agenda for Peace: Preventive diplomacy, peacemaking and peace-keeping," 17 June 1992.
  https://www.un.org/ruleoflaw/files/A_47_277.pdf

- Mun, Byeong Cheol. 2014, "The United Nations and the Korean Peninsula: Past, Present, and Future," Presentation at Geneva Track II Conference Series 2014 (Peace and Security: The Role of Dialogue and Understanding for Peace on the Korean Peninsula and Asia), United Nations Office Geneva, Room XII, Switzerland, 31 October 2014.

한반도 평화론

초판인쇄 2022년 08월 20일 **초판발행** 2022년 08월 25일

지은이 **문병철**
펴낸이 **이혜숙** 펴낸곳 **신세림출판사**
등록일 **1991년 12월 24일 제2-1298호**

04559 서울특별시 중구 퇴계로49길 14,
　　　충무로엘크루메트로시티2차 1동 720호
전화 02-2264-1972 팩스 02-2264-1973
E-mail : shinselim72@hanmail.net
　　　　shinselim@naver.com

정가 15,000원

ISBN 978-89-5800-251-2, 03100